히스토리아

대논쟁

동물은 다른 모습을 한 같은 종인가? 아니면 완전히 다른 별개의 존재인가? 인간과 동물의 관계를 다룬 여런 주제들은 고대 그리스를 시작으로 지금까지 이어 는 사람들은 인간과 동물이 질적으로 다르다는 주장을 펴왔다. 인간만이 이성을 이용해 도구와 언어를 창조하고 또 사용할 수 있는 유일한 존재라는 것이다. 이 것들을 놓으며 주목받고 있다. 이들은 인간과 동물의 관계를 수직적으로 보는 관점이 현대 사회의 환경 문제들을 만드는 데 큰 역할을 했다고 주장한다. 이번 논 쟁을 지켜 볼 독자들도 이 주제를 함께 고민할 수 있게 되기를 바란다. 도킨스와 르원틴의 논쟁은 사회생물학, 즉 인간의 존재와 행위의 원리를 유전자에서 찾으 프로젝트가 진행되면서 실천적인 논쟁까지 가세해 더욱 첨예해지고 있다. 사회생물학 논쟁은 에드워드 윌슨의 책 《사회생물학》의 출간으로 시작해서, 윌슨 르원틴이다. 르원틴은 사회생물학이 보수적 이념에 힘을 실어준다면서, 뜻을 함께하는 과학자들과 《뉴욕서평》에 공개적으로 반대 입장을 내놓으며 논쟁에 불 기해하는 데 중점을 두려고 한다. 인간은 유전적인 노예인가? 아니면 혼합한 독립성을 가진 존재인가? 바로 지금부터 이 흥미진진한 논쟁이 시작된다! 현대 사회 이 이익인가만이 현대인의 사고를 지배하고 있다. 현대인에게 목적은 이미 주어져 있다. 현대인에게 주어진 목적이란 사회적으로는 과학기술과 경제의 발전이나 사회에서 논쟁이 사라지는 것은 어찌 보면 당연하다. 그러한 사회에서 목적을 고민하는 것은 마치 의자가 수송대 위에 있는 환자를 두고 생명의 가치에 대해 고 현대 사회에서 맴만큼 스스로를 긴장시키지 않고서는 좀처럼 뒤를 돌아볼 수 있는 기회를 갖기 어렵다. 원래 빠르게 달리는 차에 타고 있으면 속도감을 덜 느끼고 성 무기의 온존, 갈수록 고립되어가는 개인…, 이미 우리 옆에 재앙의 그림자가 바짝 다가와 있지만 실감하는 사람은 극소수에 불과하다. 스스로를 반성하는 능 강조한 그 쇠사리 맡이다. 경쟁 이외에는 다른 아무런 자극도 받지 않기에 무던 물웅덩이를 거대하게 불려가는 현대 사회에 지속적으로 파급한 자극을 주는 섬이 야 터렸어다. 지난 수천 년에 걸친 인류 역사에서 주요 국면마다 뜨거운 대논쟁이 있었다. 주요 사상가들의 대논쟁은 인간과 사회에 대한 통찰과 문제의식을 가득 모색할 수 있도록, 다시 말해 독자적 사고를 하는 데 기여하는 것이 일차적인 목적이다. 비판적 사고, 논리적 사고, 창의적 사고의 발전을 이루는 데 활발한 토론

히스토리아 **대논쟁** ⓐ

초판 1쇄 인쇄 2009년 12월 15일
초판 1쇄 발행 2009년 12월 22일

지은이 박홍순
펴낸이 이영선 | **펴낸곳** 서해문집
주간 강영선 | **편집장** 김선정
편집 김문정 김계옥 이윤희 임경훈 성연이 최미소
디자인 오성희 당승근 김아영
마케팅 김일신 박성욱
관리 박정래 손미경
출판등록 1989년 3월 16일 (제406-2005-000047호)
주소 경기도 파주시 교하읍 문발리 파주출판도시 498-7
전화 (031)955-7470 | **팩스** (031)955-7469
홈페이지 www.booksea.co.kr | **이메일** shmj21@hanmail.net

ⓒ 박홍순, 2009
ISBN 978-89-7483-416-6 04100
ISBN 978-89-7483-367-1   (세트)

값은 뒤표지에 있습니다.

이 도서의 국립중앙도서관 출판시도서목록(CIP)은 e-CIP 홈페이지
(http://www.nl.go.kr/ecip)에서 이용하실 수 있습니다.(CIP제어번호: CIP2009003885)

가. 오늘날 이 논쟁은, 현대 사회의 재앙인 생태계 파괴의 원인과 대안을 어떻게 분석할 것이냐 하는 문제로까지 진화했다. 칸트를 중심으로 인간 이성의 가치를 ~의 주체는 인간이고, 동물은 대상이라는 등식 관계를 만들기도 했다. 그러나 최근에는 동물에게도 인간처럼 삶의 권리가 있음을 주장하는 철학자들이 위와 같 ~터 싱어가 바로 그 대표적인 철학자다. 각각의 입장을 대 ~ 동물의 관계와 생명의 공존에 대한 깊은 고민이기도 하다. 이 ~론을 둘러싸고 벌어진다. 현대 사회의 가장 중요한 논쟁 ~심 속에서 새로운 주장과 근거들로 활발하게 전개되고 있다. 특 ~고 가장 극단적인 입장에 서 있는 것으로 알려진 리처드 ~ ~겠다. 사회생물학을 정면으로 반박하며 논쟁자로 나선 사람이 ~회생물학 논쟁은 더 이상 이론에만 머물러 있지 않다. 이 ~ ~어서 그만큼 복잡해진 사회생물학 논쟁의 맥락과 실천적 의미를 ~사회이다. 실용주의가 최고의 가치로 인정되는 사회에서 ~ ~것이 옳고 정당한가의 문제는 흘러간 옛 노래 취급을 받고 있으 ~의 축적, 안락한 생활이다. 남은 것은 어떻게 하면 주어 ~ ~가라는 방법의 문제이고, 이것만이 관심의 대상이다. 효율성이 ~ 시간 낭비이자 태만으로 받아들여지는 까닭이다. 그러 ~ ~은 사회적인 반성과 긴장을 만들어낸다. 특히 무한경쟁 사회 ~은 속도감에 취해 이제 어디로 가는지, 얼마나 정신없이 ~ ~태계 파괴, 세계적인 빈부 격차와 기아의 확대, 퇴풍이되는 제 ~ 능력의 상실을 낳았 ~ 위기~ ~소를 ~ 한, 첫은 '등에'이다. 소크 ~의 역할을 할 것인가. ~ ~인도적~ ~우리~ ~토리아 대논쟁)은 이러한 ~지식의 보고이다. 하 ~ ~ ~은 아 ~ ~을 의식하고 분석하며 해 ~그 바른 길은 없다. 자, 이제 논쟁의 바다에 빠져들자!

히스토리아

대논쟁

칸트 vs. **피터 싱어**
인간과 동물 논쟁

도킨스 vs. **르윈틴**
사회생물학 논쟁

글 · 그림 박흥순

서해문집

왜 히스토리아 대논쟁인가?

현대 사회는 논쟁이 없는 사회이다. 실용주의가 최고의 가치로 인정되는 사회에서 논쟁은 설자리를 잃어가고 있다. 어느 것이 옳고 정당한가의 문제는 흘러간 옛 노래 취급을 받고 있으며, 어느 것이 이익인가만이 현대인의 사고를 지배하고 있다. 현대인에게 목적은 이미 주어져 있다. 현대인에게 주어진 목적이란 사회적으로는 과학기술과 경제의 발전이요 개인적으로는 부의 축적, 안락한 생활이다. 남은 것은 어떻게 하면 주어진 목적을 가장 효과적으로 실현할 것인가라는 방법의 문제이고, 이것만이 관심의 대상이다.

효율성이 지배하는 사회에서 논쟁이 사라지는 것은 어찌 보면 당연하다. 그러한 사회에서 목적을 고민하는 것은 마치 의사가 수술대 위에 있는 환자를 두고 생명의 가치에 대해 고민하는 것만큼이나 시간 낭비이자 태만으로 받아들여지는 까닭이다.

그러나 논쟁이 없는 사회는 죽은 사회이다. 논쟁은 사회적인 반성과 긴장을 만들어낸다. 특히 무한경쟁 사회로 불리는 현대 사회에서 웬만큼 스스로를 긴장시키지 않고서는 좀처럼 뒤를 돌아볼 수 있는 기회를 갖기 어렵다. 원래 빠르게 달리는 차에 타고 있으면 속도감을 덜 느끼기 마련이다. 우리들은 속도감에 취해 이제 어디로 가는지, 얼마나 정신없이 달리고 있는지도 잊어버렸다. 환경과 생태계 파괴, 세계적인 빈부 격차와 기아의 확대, 되풀이되는 전쟁과 대량살상 무기의 온존, 갈수록 고립되어가는 개인…, 이미 우리 옆에 재앙의 그림자가 바짝 다가와 있지만 실감하는 사람은 극소수에 불과하다. 스스로를 반성하는 능력의 상실은 자정 능력의 상실을 낳았다.

세계적으로 나타나는 인문학의 위기는 논쟁이 사라진 우리 사회의 현주소를 잘 보여준다. 지금 우리에게 필요한 것은 '등에'이다. 소크라테스가 강조한 그 쇠파리 말이다. 경쟁 이외에는 다른 아무런 자극도 받지 않기에 무딘 몸뚱이를 거대하게 불려가는 현대 사회에 지속적으로 따끔한 자극을 주는 침이 필요하다. 누가 등에의 역할을 할 것인가? 선구자나 초인이 나타나 우리를 인도할 수 시대는 한참 지났다. 이제는 우리 스스로 등에가 되어야 한다.

《히스토리아 대논쟁》은 이러한 취지에서 마련되었다. 지난 수천 년에 걸친 인류 역사에서 주요 국면마다 뜨거운 대논쟁이 있었다. 주요 사상가들의 대논쟁은 인간과 사회에 대한 통찰과 문제의식을 가득 담고 있는 인류 지식의 보고이다. 하지만 《히스토리아 대논쟁》을 통해 단순히 많은 지식을 획득하고자 하는 것은 아니다. 자신의 머리와 가슴으로 문제를 의식하고 분석하며 해결 방향을 모색할 수 있도록, 다시 말해 독자적 사고를 하는 데 기여하는 것이 일차적인 목적이다. 비판적 사고, 논리적 사고, 창의적 사고의 발전을 이루는 데 활발한 토론과 논쟁만큼 빠르고 바른 길은 없다.

자, 이제 논쟁의 바다에 빠져들자!

칸트와 피터 싱어

인간과 동물은 다른 모습을 한 같은 종인가? 아니면 완전히 다른 별개의 존재인가? 인간과 동물의 관계를 다룬 이런 주제들은 고대 그리스를 시작으로 지금까지 이어져온 중요한 화두다. 오늘날 이 논쟁은, 현대 사회의 재앙인 생태계 파괴의 원인과 대안을 어떻게 분석할 것이냐 하는 문제로까지 진화했다.

칸트를 중심으로 인간 이성의 가치를 높이 평가하는 사람들은 인간과 동물이 질적으로 다르다는 주장을 펴왔다. 인간만이 이성을 이용해 도구와 언어를 창조하고 또 사용할 수 있는 유일한 존재라는 것이다. 이런 생각은 이 세상의 주체는 인간이고, 동물은 대상이라는 등식 관계를 만들기도 했다.

그러나 최근에는 동물에게도 인간처럼 삶의 권리가 있음을 주장하는 철학자들이 위와 같은 생각에 맞불을 놓으며 주목받고 있다. 이들은 인간과 동물의 관계를 수직적으로 보는 관점이 현대 사회의 환경 문제 등을 만드는 데 큰 역할을 했다고 주장한다. 이번 논쟁에 참가하는 피터 싱어가 바로 그 대표적인 철학자다.

각각의 입장을 대표하는 두 철학자가 벌일 논쟁은 인간과 동물의 관계와 생명의 공존에 대한 깊은 고민이기도 하다. 이 뜨거운 논쟁을 지켜볼 독자들도 이 주제를 함께 고민할 수 있게 되기를 바란다.

도킨스와 르원틴

도킨스와 르원틴의 논쟁은 사회생물학, 즉 인간의 존재와 행위의 원리를 유전자에서 찾으려는 생물학적 환원론을 둘러싸고 벌어진다. 현대사회의 가장 중요한 논쟁 중 하나인 이 쟁점은 전 세계인들의 관심 속에서 새로운 주장과 근거들로 활발하게 전개되고 있다. 특히 인간게놈 프로젝트가 진행되면서 실천적인 논쟁까지 가세해 더욱 첨예해지고 있다.

사회생물학 논쟁은 에드워드 윌슨의 책 《사회생물학》의 출간으로 시작해서, 윌슨의 주장에 기초를 두고 가장 극단적인 입장에 서 있는 것으로 알려진 리처드 도킨스의 《이기적 유전자》로 점점 달궈졌다.

사회생물학을 정면으로 반박하며 논쟁자로 나선 사람이 바로 리처드 르원틴이다. 르원틴은 사회생물학이 보수적 이념에 힘을 실어준다면서, 뜻을 함께하는 과학자들과 《뉴욕서평》에 공개적으로 반대 입장을 내놓으며 논쟁에 불을 지폈다.

이제 사회생물학 논쟁은 더 이상 이론에만 머물러 있지 않다. 이번 논쟁에서는 점점 더 다양해지고 있어서 그만큼 복잡해진 사회생물학 논쟁의 맥락과 실천적 의미를 정확하게 이해하는 데 중점을 두려고 한다.

인간은 유전자의 노예인가? 아니면 존엄한 독립성을 가진 존재인가? 바로 지금부터 이 흥미진진한 논쟁이 시작된다!

차례

1부
칸트와 피터 싱어의 인간과 동물 논쟁

칸트와 피터 싱어의
인간과 동물 논쟁

 vs

인간과 동물은 얼마나 다른가?
동물도 윤리의 대상일 수 있는가?

인간과 동물은 얼마나 다른가?

박쌤 | 오늘은 서로 다른 시대를 사신 철학자 두 분을 모시고 논쟁을 펼치도록 하겠습니다. 칸트 선생은 두말이 필요 없을 정도로 인류 지성사에 손꼽히는 대철학자이고요, 피터 싱어 선생은 현대 사회의 대표적인 철학자 가운데 한 분입니다. 어찌 보면 수백 년의 시간을 사이에 두고 있는 두 분을 모시고 논쟁을 하는 것이 가능할까 싶지만, 적어도 오늘의 논쟁 주제로 보자면 두 분만큼 적합한 분이 없을 것 같습니다.

　오늘의 논쟁 주제는 인간과 동물이 얼마나 다른가에 관한 것입니다. 이는 곧 인간의 본질에 대한 정의와 맞물려 있는 주제이지요. 고대 그리스 철학에서부터 현대 철학에 이르기까지 인간의 본질을 어떻게 규정할 것인가는 중요한 철학적 과제였습니다. 특히 소크라테스와 플라톤은 인간의 본질을 '이성'이라고 보았습니다. 그래서 물질적이라고 생각되는 육체와 분리시켜 생각하려고 노력했지요.

플라톤의 《파이돈》을 보면 소크라테스는 제자들과 죽음에 대해 문답을 하는 과정에서 이런 말을 합니다. "육체로부터 영혼이 분리되고 해방되는 것을 '죽음'이라고 하는 것 아닌가?"라고 말이죠. 소크라테스는 인간의 본질은 정신에 있는 것인데, 정신을 통한 진리 탐구를 육체가 가로막고 있다고 생각했습니다. 식욕, 수면욕, 성욕 등 온갖 욕구를 가지고 있는 육체와 이에 근거한 감각이 인간의 고유하고 순수한 정신 활동을 방해하거나 속인다고 보았던 것 같습니다. 그는 인간에게서 육체와 정신의 분리가 가능하고, 또한 분리해야 한다는 입장을 견지하고 있었던 것이지요. 정신을 육체의 물질적인 기능과 무관한, 인간에게만 주어져 있는 신비로운 그 무엇으로 이해한 것입니다. 육체와 정신을 분리해서, 정신만을 인간의 특성으로 파악하고 있음을 알 수 있습니다. 그러면 자연스럽게 육체는 자연의 특성이 되지요. 이를 통해 우리는 자연과 인간을 분리하는 이원론적 사고를 확인할 수 있습니다.

이원론이 수천 년에 걸쳐 서양철학을 지배한 하나의 사고방식이었음을 부정하기는 어려울 것입니다. 사실 칸트 선생도 이러한 서양철학의 전통에서 자유로울 수 없습니다. 물론 플라톤에 비하면 감각이나 감성의 역할에 대해 적극적으로 사고하고 있지만, 적어도 인간의 특징을 이성에서 구하려 했다는 점에서는 큰 틀을 같이하는 것으로 보입니다.

이에 반해 피터 싱어 선생은 인간과 자연을 구분하는 이원론적 사고를 정면으로 반박합니다. 인간과 자연을 분리시키는 태도에서 서양을 중심으로 하는 현대 문명의 비극이 시작되었다고 보는 것 같은데요. 이런 문제를 해결하기 위해 근본적인 발상의 대전환이 하루빨리 이루어져야 한다고 여러 차례 강조하기도 했습니다. 특히 선생은 인간과 동물의 관계를 새롭게 규명하는 작업을 통해 동물해방이라는 주제를 이끌어내면서 자신의 논리적 정당성을 주장하고 있는 것으로 유명합니다.

그렇기 때문에 인간과 동물을 주제로 한 논쟁에서 두 분만큼 적절한 논객이 없을 것 같습니다. 저는 물론이고 아마 한국의 많은 독자들이 두 분 선생의 논쟁에 큰 관심을 갖고 숨죽여 지켜보리라 생각합니다. 시대와 연배를 뛰어넘어 자유롭고 활기찬 논쟁을 기대하겠습니다.

오늘은 다음과 같이 크게 두 가지 쟁점으로 구분하여 논쟁을 진행하고자 합니다.

- 인간과 동물은 얼마나 다른가?
- 동물도 윤리의 대상일 수 있는가?

첫 번째 논쟁점은 말 그대로 인간과 동물의 차이를 어떻게 볼 것인가 하는 문제입니다. 인간과 동물에 대한 논쟁 대부분은 이 문제에 어떤 생각을 가지고 있느냐를 경계로 구분된다고 해도 과언이 아닐 정도로 핵심적인 쟁점이죠. 두 번째 논쟁점은 실천적인 성격이

강한 영역이라고 할 수 있습니다. 앞의 논의에 기초해서 인간이 동물을, 더 넓게는 자연을 대할 때 어떤 태도를 지녀야 하는가의 문제입니다. 두 가지 논쟁점은 유기적으로 연관되어 있기는 하지만 가급적 구분해서 진행하고자 합니다.

　피터 싱어 선생이 문제 제기를 하는 입장이니 먼저 말문을 열어 주었으면 합니다.

싱어 l　인간과 동물 사이에 큰 차이가 있다는 사실은 서구 문명의 역사 속에서 당연하게 여겨졌습니다. 인간을 만물의 영장이라고도 하고요. 이런 발상은 인간에게 자연을 지배할 수 있는 특권적 지위를 부여하는 것이라고 볼 수 있습니다. 박쌤도 지적한 것처럼, '인간은 만물의 영장이므로 당연히 자연을 지배할 수 있는 존재'라는 사고 방식은 서구 문명 깊숙이 뿌리박혀 있습니다. 그런데 이와 연관된 대부분의 논의는 인간과 동물 사이에 만리장성을 쌓는 과정을 통해 이루어졌습니다. 자연적인 요소 중에서 인간과 가장 근접한 것이 동물이기 때문에 인간과 동물을 구분함으로써 인간과 자연의 구분이라는 이분법이 정당성을 얻으리라 기대했던 것이죠. 즉 인간은 동물과 질적으로 다르기 때문에 자연을 지배할 수 있는 특권이 부여된다는 식의 논리였습니다.

하지만 이제 이러한 가정은 더 이상 성립할 수 없습니다. 인간과 동물을 전혀 다른 존재로 구분하려는 시도는 진화생물학의 창시자인 다윈에 의해서 무의미해졌다고 보아야 해요. 다윈이 동물이었던 인간이 진화해서 지금의 모습이 되었다는 것을 발견한 순간, 인간과 자연에 대한 이원론적 사고의 기초가 결정적으로 훼손되었습니다. 왜냐하면 하느님이 자신의 모습을 본뜨고 불멸의 영혼을 불어넣어 인간을 창조했다는 이야기의 신빙성이 약해졌기 때문이죠.

젊은 시절 배를 타고 세계 곳곳을 돌아다니면서 생물을 관찰한 다윈은 진화의 원동력이 자연선택이라는 결론을 얻었습니다. 자연선택은 인류의 과학사에서 어느 누구도 제기한 적이 없는 완전히 새로운 개념이었어요. 원래 다윈의 진화론은 하나의 생물학 이론에 불과했지만 19세기 유럽 사회에 미친 영향은 엄청났습니다. 왜냐하면 그의 이론이 만물의 영장이라고 불리던 인류의 지위를 하나의 동물로 격하시켰기 때문입니다.

오늘 저와 함께 논쟁에 참여하고 계신, 제게는 대선배인 칸트 선생 역시 인간과 동물을 구분하려고 한 대표적인 철학자입니다. 물론 다윈 이후의 서양철학의 역사를 보면 대부분의 철학자들이 끊임없

이 인간과 동물을 구별할 기준을 찾아나섰죠. 하지만 지금까지 이들이 인위적으로 세워놓은, 인간과 동물을 구분하는 경계선들은 오래가지 못하고 폐기되었습니다. 과학적으로 볼 때 전혀 신뢰할 수 없는 억지에 불과한 것으로 여겨지고 있지요. 이제는 좀 고집을 꺾고 인간을 동물에 속한 존재로, 그런 의미에서 인간을 자연의 일부로 여기는 사고로 전환할 때도 되었겠다 싶은데요. 칸트 선생님, 안 그런가요?

칸트 | 글쎄요. 과연 그럴까요? 싱어 선생의 이야기는 지극히 일부분에서만, 그것도 상대적인 타당성을 갖는 내용이 아닐까 싶습니다. 선생의 주장은 진화론과 관련된 인간의 생물학적 발생 논의에서만 의미가 있을 듯합니다.

인간은 수백만 년에 이르는 역사를 가지고 있습니다. 우리는 이 역사 속에서 인간의 발생에 해당하는 영역과 발전에 해당하는 영역을 구분해서 볼 필요가 있어요. 이와 관련하여 〈추측해본 인류 역사의 기원〉이라는 글을 통해서 간단하게 제 생각을 밝힌 적이 있는데요. 저도 인간이라는 종이 초기에는 동물처럼 본능적인 요소가 지배적이었을 것이라고 생각합니다. 본능은 인간에게 어떤 것은 먹게 하고, 또 어떤 것은 먹지 못하게 했을 것입니다. 예를 들어 광물이나 거친 나무줄기처럼 소화시키기 어려운 것은 본능적으로 먹지 않았겠죠. 그렇지만 동물의 고기나 여린 나뭇잎이나 과실처럼 소화 가능한 것은 섭취했을 것입니다.

인간과 동물의 공통 영역은 딱 여기까지입니다. 방금 제가 "인간이라는 종이 생길 때는 동물처럼 다분히 본능적인 요소가 지배적이었을 것"이라고 얘기했던 것은, 인간은 본능만 가지고 있는 존재가 아니라는 의미입니다. 인류 문명이 막 시작되었을 때는 본능적인 요소가 지배적인 요소로서 작용을 했겠죠. 하지만 우리에게는 동물과 달리 인간만이 지니고 있는 또 하나의 요소가 있습니다. 바로 '이성'입니다. 초기에는 부차적인 요소에 불과했던 이성이 점차 활동을 개시하면서 인류 문명은 전혀 다른 양상을 띠기 시작합니다. 이성은 본능적인 요소를 점점 부차적인 것으로 만들고, 이성 스스로에 의한 활동을 지배적인 요소로 만들게 됩니다.

이성은 본능을 넘어서까지 음식물에 대한 지식을 확장시키기 시작했습니다. 자연 상태 그대로가 아니라 도구나 불을 이용해 음식을 만들어 먹고, 생존 목적이 아닌 즐기기 위한 음식을 만들기도 했죠. 이성이 본능과 생존을 넘어 하나의 문화로서 음식을 창조하는 역할을 하게 된 것입니다. 이로써 인간은 새로운 사실에 눈을 뜹니다. 동물처럼 한 가지 삶의 방식에 매이지 않고 다양한 삶의 방식을 선택할 수 있는 능력을 스스로에게서 발견한 것이지요.

따라서 인간을 동물의 한 부분으로 여기는 싱어 선생의 논리는 지극히 일부분에서만 설득력을 가진다는 얘깁니다. 인류 문명 전체를 보면 절대로 섞어놓을 수 없는, 질적으로 다른 요소들이 인간을 규정하고 있다고 봐야죠.

박쌤 | 칸트 선생이 방금 말했듯이, 인간과 동물을 구분할 때 대표적으로 사용되는 논거가 이성 능력인 것 같습니다. 도구의 사용이나 언어의 사용, 자의식의 존재 여부 등에 대한 논의가 넓게 볼 때 다 여기에 포함되는 내용이겠죠. 흔히 인간은 도구를 사용하는 존재, 언어를 사용하는 존재로 규정됩니다. 이에 대해 싱어 선생은 여러 차례에 걸쳐 다양한 사례를 들어 반박을 해왔는데요. 간단하게 반박의 내용을 정리해주시죠.

싱어 | 인간만이 도구를 사용한다는 주장에 대해서는 몇 가지 실증적인 사례를 통해 반박했죠. 갈라파고스 섬의 딱따구리는 나무 틈 속의 벌레를 파먹기 위해 선인장 가시를 사용합니다. 제인 구달 박사가 밝혀냈듯이, 침팬지는 더 빈번하게 도구를 사용하고요. 그녀는 침팬지가 개미를 잡기 위해 나뭇가지를 꺾어서 잔가지와 잎을 떼어낸 후에 나무속에 있는 개미집을 쑤시는 것을 보게 되었습니다. 침팬지는 나뭇가지를 이용해 꿀을 찍어 먹기도 하고 진흙 바닥에 나뭇잎을 깔아 깔개로 쓰기도 합니다. 단단한 나무 열매를 쪼갤 때는 돌

위에 열매를 올려놓고 다른 돌로 깨뜨려 알맹이를 먹기도 하고요. 수달도 조개껍질을 깨기 위해 돌을 사용하지요. 지금까지 발견된 수 많은 사례를 볼 때 인간만이 도구를 사용한다는 주장이나 도구 사용 에 관한 인간의 독점권은 인정하기 어렵습니다.

칸트 │ 동물이 도구를 전혀 사용할 수 없는 것은 아니겠죠. 하지만 제가 강조하는 것은 이성 능력의 문제입니다. 도구를 사용하는 것은 본능에 의해서도 어느 정도 가능할 것입니다. 원숭이나 다른 동물들 이 자연물을 그대로 이용하는 것이 그런 것이겠지요. 이성의 힘은 단지 도구를 사용할 수 있는가 하는 문제가 아니라, 도구를 만들어 낼 수 있는 능력으로 나타납니다. 이성은 창조성과 떼려야 뗄 수 없 는 개념이죠. 그러므로 인간만이 도구를 사용할 수 있다는 말은 다 른 동물들이 도구를 사용할 수 없다는 말이 아니라, 인간만큼 창조

인간과 동물을 구분하는 기준은
이성 능력입니다.
도구와 언어, 문화를 통해
발전해온 인간의 역사가
이것을 증명하는 것입니다.

적인 동물은 없다는 말로 이해해야 해요.

싱어 │ 그럴까요? 정말 동물은 도구를 만들어낼 능력이 없을까요? 우리들이 보기에는 매우 단순하고 저열한 것으로 보일지 몰라도 어쨌든 동물도 도구를 만드는 능력을 가지고 있습니다. 제인 구달 박사의 관찰에 따르면, 탄자니아의 정글에 사는 침팬지는 물을 저장할 수 있는 나뭇잎 스펀지를 만들어 사용합니다. 나뭇잎을 자근자근 씹어서 뭉친 다음 물에 넣으면, 스펀지처럼 물을 흡수해 일정 시간 동안 물을 머금을 수 있어서 멀리 있는 새끼들에게 가져다줄 수 있는 것이죠. 물을 운반할 수 있는 도구를 만든 것이라고 볼 수 있습니다.

칸트 │ 나뭇잎을 씹어서 스펀지를 만드는 것을 가지고 도구를 만들어내는 창조적인 능력이라고 할 수 있을까요? 침팬지들은 어떤 도구를 손수 만들 때, 자신에게 필요한 도구의 모양이 나올 만한 여러 가지 변수를 생각할 수 있는 능력을 가지고 있지 못합니다. 예를 들어 사람은 가까이 다가가기 위험한 동물을 먼 거리에서 안전하게 사냥하기 위해 활과 화살이라는 것을 만들어냈습니다. 하지만 원숭이들은 활의 기본 원리를 생각할 수 없기 때문에 활을 만들 수 없지요. 원숭이는 대개의 다른 동물과 달리 엄지손가락이 분리되어 있어서 나뭇가지를 잡거나 돌을 이용할 수 있는 것이지, 인간처럼 창의력의 원천인 이성을 사용하는 것은 아니라는 얘깁니다.

박쌤 | 그러면 언어 능력의 문제는 어떻게 봐야 할까요? 이 문제는 동물도 이성 능력을 지니고 있는가와 관련하여 빼놓을 수 없는 것일 텐데요. 인간만이 언어를 사용하는 존재라는 주장은 이미 고대 그리스를 대표하는 철학자 가운데 한 사람인 아리스토텔레스로부터 이어져 내려오고 있습니다. 그는 《정치학》에서 "인간은 자연이 '언어'라는 선물을 부여한 유일한 동물이다. 단순한 소리가 단지 쾌락이나 고통을 나타내는 것이고 그것이 다른 동물들에게서 발견된다는 점에 반하여(왜냐하면 그들의 본성은 쾌락과 고통의 지각에 도달하여 그것을 서로 알리는 데에서 완성되는 것이고, 그 이상의 경지는 없기 때문이다), 언어의 힘은 편리함과 불편함을 표현하고 마찬가지로 정당함과 부당함을 표현하도록 의도된 것이다. 스스로 선과 악, 정의와 부정의, 그리고 그와 같은 것들에 대한 감각을 가지고 그와 같은 감각을 소유한 존재들이 연합하여 가족, 국가를 형성하는 것은 오로지 인간만의 특징이다."라고 주장합니다.

아리스토텔레스는 언어의 힘으로 인간만이 국가를 만들 수 있다고 보았습니다. 그는 동물도 집단을 형성해 사는 경우가 있기는 하지만, 인간은 자신만이 지니고 있는 언어 능력을 이용해 자연발생적인 단순한 집단을 넘어 인위적인 사회 조직을 형성하는 '정치적 동물'이 될 수 있었다고 주장합니다. 한 사회의 규칙이나 도덕률을 형성할 수 있어야 사회 조직을 만들 수 있는데, 이는 근본적으로 언어의 힘으로만 가능하다는 얘기죠.

싱어 | 아리스토텔레스 이래로 그런 식의 주장이 일반화된 것이 사

실입니다. 하지만 언어 또한 인간과 동물을 구분하는 기준이 될 수는 없습니다. 과학자들이 침팬지, 고릴라, 오랑우탄이 청각장애인의 수신호인 미국식 수화를 배울 수 있다는 점을 확인하기도 했습니다. 또 고래와 돌고래도 나름대로 복잡한 언어를 가지고 있고요. 이들은 물이라는 조건 속에서 음파를 이용해 효과적인 언어 체계를 만들어냈죠. 날갯짓 모양이나 속도를 통해서 동료들과 의사소통을 하는 벌의 고유한 의사 전달 체계 역시 인간과 다른 방식의 언어로 볼 수 있습니다. 사람의 말을 알아듣는 개와 앵무새의 사례 역시 참조할 만하고요. 이렇듯이 동물도 서로 의사소통할 수 있는 능력을 갖추고 있다는 것은 이제 거의 상식에 속하는 얘깁니다.

칸트 ㅣ 도구의 문제와 마찬가지로, 중요한 것은 언어의 창조적인 사용 여부 아닐까요? 동물도 어느 정도의 의사소통은 할 수 있겠죠. 싱어 선생은 인간과 동물을 구분하는 견해를 가지고 있는 사람들의 생각을 매우 단순하고 무식한 것으로 만들어놓고 비판을 하는 게 아닌가 싶습니다. 상대방의 생각을 살짝 단순화시켜서 허수아비처럼 만들어놓고 비판을 한다는 점에서 일종의 허수아비 논증의 냄새가 나네요.

데카르트도 적절하게 지적했듯이, 동물이 아니라 심지어 기계라 하더라도 언어를 한정적으로 사용할 수는 있을 것입니다. 물론 데카르트는 저와 여러 면에서 다른 생각을 가진 사람이지만, 인간의 이성 능력에 관한 한 그의 주장을 경청할 필요가 있겠네요. 그는 《방법서설》에서 "우리는 인간과 동물 사이의 차이를 알 수 있다. 아무리 지능이 낮은 사람이라고 할지라도, 갖가지 말을 함께 배열하고 그 말들로 이야기를 구성하여 자기의 생각을 남에게 전할 수 없는 사람은 하나도 없으며, 이와 반대로 동물 가운데는 아무리 완전하고 아무리 훌륭한 소질을 가지고 태어났다 하더라도 이와 같은 일을 할 수 없다는 것은 매우 주목할 만한 일이기 때문이다. 이것은 동물의 기관에 결함이 있어서가 아니다. 왜냐하면 까치와 앵무새는 우리들처럼 말을 할 수 있으나, 우리들처럼, 즉 스스로 생각하고 있음을 나타내면서 말할 수는 없기 때문이다. 이에 반하여 어떤 사람이 말을 못 하거나 들을 수 없는 상태로 태어났기 때문에 말하는 데 쓰는 기관이 짐승만큼이나 혹은 짐승보다 못 하더라도 스스로 어떤 신호들을 생각해내는 것이 보통이요, 이 신호들을 통하여 자신의 언어를 배울 만큼 시간적 여유가 있는 사람들에게 자신의 생각을 이해하게끔 하는 것이다. 그리고 이것은 짐승들이 사람들보다 이성을 적게 가지고 있음을 보여줄 뿐만 아니라 이성을 전혀 가지고 있지 않음을 보여주는 것이기도 하다. 왜냐하면 말하는 데는 이성이 아주 조금밖에 필요치 않음이 분명하기 때문이다.”라고 말합니다.

언어의 사용은 단순히 의사소통 여부만을 의미하는 것이 아니라는 점에 주의해야 해요. 싱어 선생이 이야기한, 침팬지가 수화를 배워서 사용하는 것이나 고래나 돌고래의 의사소통은 생존에 필요한 본능적인 한도 내에서의 기계적인 언어 사용이라고 볼 수 있습니다. 다양한 상황에 맞게 갖가지 말을 조합하고 이야기를 구성할 수 있는 능력은 인간만이 지니고 있지요. 언어의 사용이란 이처럼 언어의 창조적인 사용에 초점을 맞춰서 이해할 필요가 있습니다.

싱어 | 도구나 언어 사용 능력에 있어서 칸트 선생이 강조하는 것은 결국 정도의 문제 아닌가요? 인간이나 동물 모두 이와 관련한 능력을 가지고 있는데, 동물은 가장 초보적인 단계에 머물러 있고 인간은 고도의 복잡한 단계로까지 확장해서 사용할 수 있다는 얘기로 들리는데요. 그러면 인간과 동물의 차이는 종류의 차이가 아니라 정도의 차이에 해당하는 것 아닌가요?

저는 인간과 동물 사이에 정도의 차이가 존재한다는 것마저 부정하는 것은 아닙니다. 당연히 상당한 차이가 있겠죠. 제 비판의 핵심은 정도의 차이가 있다는 주장을 넘어서 인간과 동물의 차이를 질적인 차이, 즉 종류의 차이로 규정하려는 시도입니다.

박쌤 | 저 역시 정도의 차이와 종류의 차이 문제는 생산적인 논쟁을 위해서 분명히 짚고 넘어가야 한다고 생각합니다. 많은 독자들이 어쨌든 인간과 동물이 서로 차이가 있는 것은 사실이 아니냐고 반문할 것이 예상되거든요. 하지만 정도의 차이라면 동물 내에서도 얼마든지 있습니다. 예를 들어 지능으로 보나 뭐로 보나 원숭이와 지렁이는 큰 차이가 있지요. 원숭이는 사람과 거의 99퍼센트에 이를 정도로 유사한 유전자를 갖고 있잖아요. 하지만 지렁이나 파충류는 원숭이와 비교도 할 수 없을 정도로 큰 유전적 차이를 가지고 있죠.

만약 인간과 동물을 정도의 차이로 규정한다면, 동물 내에서의 정도의 차이를 의미하게 될 뿐입니다. 그러면 인간을 동물과 질적으로 구분할 근거도 없어지지요. 하지만 원숭이와 지렁이는 모두 '동물'로 구분하고, 인간은 그 '동물' 전체와 질적으로 다른 존재로 스스로를 자리매김하곤 해요. 다시 말해 정도의 차이가 아니라 종류의 차이로 구분을 하는 것이죠. 그래서 오늘의 논쟁은 형태, 생리, 심리학적으로도 인간과 가깝다는 원숭이와 인간의 차이가 원숭이와 지렁이의 차이보다 정말 큰 것일까, 인간과 동물의 차이는 종류의 차이에 해당하는 것일까 하는 문제를 중심으로 전개되어야 한다고 생각합니다.

그러므로 좀 더 실질적이고 구체적인 논의를 위해, 칸트 선생이 인간만이 가지고 있다고 한 이성 능력을 과연 인간만이 지니고 있는가에 초점을 맞추어 이 문제들에 대해 이야기해보았으면 합니다.

데카르트는 《방법서설》에서 동물을 기계와 거의 동일한 수준으로 규정하고 있습니다. 인간과 동물의 차이를 종류의 차이로 분명히 하고 있지요. 그는 만약 원숭이를 비롯해 이성 능력이 없는 어떤 동물과 똑같이 생긴 기계가 있다면, 이 기계가 동물이 아니라고 할 근거가 없다고 말합니다. 그러나 인간과 닮은 몸으로 인간의 행동을 모방하는 기계가 있다고 하더라도, 기계는 인간이 하는 것처럼 자신의 생각을 나타내기 위해 말이나 신호를 사용할 수 없다는 점에서 근본적으로 다르다고 주장하죠. 물론 어떤 부분을 건드리면 무엇을 원하느냐고 되묻거나 다쳐서 우는 등의 일을 할 수 있는 기계, 말할 수 있는 기계를 만들 수도 있겠지요. 하지만 상황에 맞게 말을 바꾸지는 못한다는 점에서 인간과 전적으로 다르고, 그런 점에서 동물과 마찬가지라는 것입니다. 또한 동물이나 기계는 인간처럼 이해에 의해 움직이지 않고 본능에 따라, 정해진 설정에 따라 움직인다는 점에서 본질적으로 차이가 있다는 것이고요. 칸트 선생은 데카르트와 이런 견해를 같이하는 것인지요?

칸트 | 데카르트와 저의 생각이 동일한 것은 아닙니다. 저는 동물을 기계와 동일한 존재로 보는 것에 찬성하지 않아요. 만약 데카르트처럼 동물과 기계를 동일시한다면 인간이 동물을 어떻게 대해도 아무 문제가 없겠죠. 하지만 기계와 달리 동물은 고통을 느끼는 존재이고, 그런 점에서 동물을 학대하거나 잔혹하게 살해하는 행위는 잘못이라고 생각합니다. 이에 대해서는 오늘 논쟁의 두 번째 쟁점을 다룰 때 충분히 논의할 기회가 있을 테니, 여기서는 결론적인 입장의 차이만 간단하게 밝히는 것으로 하죠.

그리고 싱어 선생과 박쌤이 제기한 정도의 차이와 종류의 차이 문제에 대해서는 저 역시 구분하는 것이 필요하다고 생각해요. 저는 당연히 종류의 차이, 질적인 차이에 초점을 맞춰서 이야기를 하고 있는 중이고요. 제가 강조하고 싶은 것은 인간이 동물에 비해 도구나 언어를 사용하는 능력이 더 뛰어나다는 점이 아니라, 이성 능력의 핵심이라고 할 수 있는 창조력이 인간만의 특성이라는 점입니다. 이에 비해 동물의 사고 능력이나 도구와 언어의 사용 능력은 본능적인 수준에서 벗어날 수 없다는 것이고요.

그것은 제가 앞에서 예로 들었던 음식물에 대한 본능 외에도 여러 면에서 논증하는 것이 가능해요. 성적인 본능의 문제만 해도 그렇죠. 동물의 경우 성적 흥분은 일시적이고 주기적인 충동에 근거합니다. 흔히 발정기라고 부르는 시기에 성적인 충동과 행위가 일어나죠. 동물에게 성행위는 종의 번식이라는 한정된 목적 아래에서 이루어집니다. 하지만 인간의 경우에는 상상력을 통해 그런 흥분을 지속시키거나 증가시킬 수 있어요. 이 상상력은 대상이 감각기관으로부터 멀리 떨어져 있으면 있을수록 더 적절하게 수행됩니다.

이것은 충동에 대한 이성의 지배를 보여주는 사례입니다. 그 결과 감각적인 매력은 정신적인 매력으로, 동물적인 욕구는 사랑으로, 그리고 쾌적한 느낌은 아름다움에 대한 취미로 발전하게 되는 것이죠. 인간의 이성이 번식이라는 본능을 넘어 문화로서의 성을 만들어낸 것입니다. 인간에게만 있는 이성 능력, 특히 창조력이 본능을 넘어서는 문화적인 사고와 성취를 가능하게 하는 것이죠.

싱어 | 상상력과 창조력에 근거한 문화적인 요소가 동물에게는 없고 오직 인간에게만 있는 것이라고요? 동물은 오직 본능적인 성행위만 할 수 있고 성을 하나의 문화로서 누리는 존재는 인간밖에 없다는 주장은 지독한 편견에 기초한 것입니다. 인간만이 갖고 있다는 성 문화 역시 반박할 수 있는 실증적인 사례들이 동물의 세계에 얼마든지 있습니다. 영장류 세계의 히피족이라 할 수 있는 보노보(Bonobo)를 보면, 동물에게도 번식과 본능을 넘어서는 문화로서의 성행위가 존재하고 있음을 발견할 수 있어요.

보노보는 오랑우탄, 고릴라, 침팬지와 같이 유인원으로 분류되는, 진화 계통적으로 인간과 아주 가까운 존재입니다. 보노보는 인간처럼 매우 다양한 종류의 성행위를 합니다. 그들은 마주 보는 체위를 포함해 여러 가지 체위로 성행위를 해요. 성행위 대상으로 남녀노소를 가리지 않을뿐더러 동성 간에도 성행위도 합니다. 혀를 나누는 키스를 할 줄 알고, 구강성교까지 합니다. 애무나 자위행위는 기본이죠. 보노보는 마치 인간처럼 종족 번식만이 아니라 쾌락의 목적으로도 성행위를 합니다. 더 놀라운 점은 다양한 성행위를 사회적 갈등을 해소하는 용도로도 이용한다는 것입니다. 두 마리의 보노보가 먹이 다툼 상황에 놓였을 때 그들은 싸우기보다는 성행위를 하는 것을 선택합니다. 그리고 평화롭게 먹이를 나눠 먹죠.

　보노보가 오직 성과 관련해서만 문화적인 행위를 하는 것은 아닙니다. 예를 들어 암컷 보노보들이 죽은 토끼나 바퀴벌레를 종일 머리에 얹어두고 만족스러워하는 행위는 영장류들에게도 나름의 문화가 있다는 강력한 반증이라 할 수 있습니다. 인간들이 사냥한 동물의 머리 가죽이나 이빨을 자랑스럽게 몸에 지니는 것과 별반 다를 바 없는 행위라고도 할 수 있죠. 또 비가 억수같이 쏟아지려고 할 때 수컷 침팬지들이 모여 똑같은 방식으로 몸을 흔들고 발을 구르는 '비 춤'의 사례도 드물지 않게 보고되고 있습니다. 동물에게도 문화적인 욕구와 행위가 다양한 형태로 나타나고 있음을 보여주는 사례들이죠.

칸트｜　보노보의 사례가 흥미롭기는 하군요. 만약 그렇다면 동물은 오직 주기적인 충동, 즉 발정기 때만 성행위를 한다는 학설은 수정할 필요가 있을 것 같습니다. 어쨌든 매우 드물기는 하지만 동물 중에서 일상적인 성행위를 하는 종이 있기는 한 거니까요. 동물 행동에 관한 추가적인 연구에 따라서 다른 동물 종 내에서도 그러한 사례가 더 발견될 수도 있을 테고요.

하지만 그럼에도, 보노보의 사례가 저의 가장 중요한 주장을 뒤집는 것은 아니에요. 제가 최종적으로 강조하고자 했던 것은 동물이 본능적인 행위에 갇혀 있다는 것이니까요. 일상적인 성행위를 하고 자위행위를 하는 것, 즉 '쾌락을 목적으로 하는 행위를 본능을 넘어서는 것이라고 규정할 수 있는가'의 문제는 여전히 남아 있어요. 발정기를 통해 번식만을 목적으로 하는 성행위를 넘어섰다고 해서 곧바로 이성적인 능력이 있다고 해석하는 것은 곤란하거든요. 육체적인 본능으로서의 쾌락을 일상적으로 즐기는 것이라고 볼 수도 있기 때문입니다. 중요한 것은 그러한 행위가 과연 충동을 넘어선 자의식과 연결되어 있느냐 아니겠어요? 육체적인 동기가 아니라 자기 스스로에 대한 인식, 자기 스스로의 의식적 판단에 따른 행위인가가 중요한 것이지요.

싱어 | 칸트 선생의 말은 보노보를 비롯해 동물들이 아무런 자의식 없이 그저 쾌락적인 감각의 경험을 일상적으로 반복하고 있는 것에 불과할 수도 있다는 얘기인 것 같은데요. 동물들을 잘 관찰해보면 자신에 대해 인식하고 의식적인 판단을 한다는 증거들은 여러 가지가 있습니다. 예를 들어 침팬지와 오랑우탄을 마취시켜서 의식이 없는 동안에 이마에 뚜렷한 점을 그려놓으면, 이 동물들은 깨어난 후에 거울을 보면서 자신의 이마를 닦아냅니다. 이것은 그들이 스스로를 자각할 수 있다는 명확한 증거 아닌가요? 평소 자신의 외모에 관심을 갖고 있다가 여기에 어떤 변화가 생겼을 때 이를 인지하고 대응 행위를 하는 거잖아요.

그들의 성행위도 마찬가지입니다. 의식적 작용이 없는 습관적인 감각에 불과한 것이 아니라, 여러 가지 상황을 고려하면서 판단하고 조치를 취하곤 해요. 계급이 낮은 유인원들은 우두머리인 수컷에게 자신의 교미 사실을 숨깁니다. 이것은 그들이 스스로를 인식할 뿐만 아니라, 제3자가 자신을 어떻게 볼지 정신적으로 자각하고 있음을 암시하는 것이지요. 만약 이들에게 본능적인 쾌락 말고는 아무것도 없다면 무언가를 숨긴다는 행위가 성립할 수 없을 것입니다. 그런 점에서 동물도 초보적인 상태에서는 어느 정도 자의식에 기초하여 본능을 넘어선 문화적인 행위를 할 수 있다고 보아야 해요.

박쌤 | 언어와 도구가 아닌 문화라는 고급스러운 현상으로 인간의 고유성을 주장하는 것은 확실히 매력적인 생각인 것 같습니다. 인간과 동물을 절대적으로 구분하는 입장에서 즐겨 언급하던 영역이 바로 문화였죠. 하지만 싱어 선생의 주장처럼 동물 행동에 대한 연구가 진척되면서 다양한 방식의 문화적 행위들이 발견되고 있는 것은 사실입니다.

일단 지금까지의 논의가 더 진전되기 위해서도 이성이라든가 문화적인 행위의 기준이 분명하게 이해될 필요가 있을 것 같아요. 어디부터 어디까지가 이성의 영역이고 아닌가에 대한 정리가 필요해 보입니다. 앞에서 정도의 문제와 종류의 문제를 구분하고 논의의 초점을 과연 종류의 차이라고 할 수 있는가에 두자고 제안을 했는데요. 이성이나 문화의 문제도 누가 더 복잡한 이성 능력을 지녔는가가 아니라 말 그대로 이성이나 문화라고 할 수 있는 현상이 인간에게만 있는 것인가, 아니면 동물에게서도 나타나고 있는가의 여부가 중심이어야 할 것 같습니다. 보통, 이성은 본능과 구분되는 개념이지요. 이성의 시작은 본능의 끝과 맞닿아 있고요. 그러면 이성적, 문화적인 사고의 시작은 본능적인 사고를 벗어나는 곳에서 시작된다고 보는 것이 합당할 것 같은데요.

만약 이성이 시작되는 시점을 이렇게 규정한다면, 싱어 선생이 언급한 사례는 물론이고 다른 영역에서도 꽤 많은 사례가 제시될 수 있을 것이라고 생각해요. 방금 이야기한 보노보의 성 문화만이 아니라 칸트 선생이 인간에게만 존재한다고 주장한 음식 문화에서도 반증 사례가 있습니다.

일본에서의 연구 사례인데요. 1952년 일본의 코시마 섬에서 과학자들이 원숭이를 대상으로 한 실험입니다. 이들은 모래 속에 원숭이들이 좋아하는 고구마를 파묻어놓았습니다. 원숭이들은 고구마를 좋아하기는 했지만 흙이 묻은 것은 달가워하지 않았지요. 그런데 '이모'라는 이름의 18개월 된 암컷 원숭이가 근처 냇가에서 고구마를 물에 씻어 먹는 것이 아니겠습니까? 이 방법은 원숭이의 가족들에게로 확대되었고, 점차 코시마 섬의 원숭이 전체에게로 퍼져나갔습니다. 그래서 1952년과 1958년 사이, 이 섬의 모든 원숭이들은 모래가 묻은 고구마를 물에 씻어서 더 맛있게 먹는 법을 스스로 배우게 된 거죠. 그런데 과학자들이 관찰한 더 놀라운 일은, 고구마를 물에 씻어서 먹는 방법이 바다 건너로 전해졌다는 것이었어요. 타카사키야마 지역의 원숭이 집단에게도 비슷한 조건으로 실험을 했는데, 이 원숭이들도 고구마를 씻어서 먹더라는 것입니다. 이뿐 아니라 원숭이들은 인간들이 해변에 뿌려준 밀이 모래와 섞여 먹기가 힘들어지니까 밀과 모래를 물에 함께 뿌리고는 물 위에 떠오르는 밀만을 건져 먹는 방법을 개발하기도 했죠. 이 방법 역시 원숭이 무리들에게 전파됐고요.

생존을 위해 필사적으로 먹이를 구하는 일은 분명히 본능에 속합니다. 그러나 깨끗하게 먹고 싶다는 욕구를 가지고 이것을 실현시킬 방법을 찾는 것은, 본능을 넘어서는 사고라고 할 수 있지 않을까요? 그런 점에서 동물에게도 한정적으로나마 음식 문화라는 게 존재한다고 인정해야 하지 않을까요? 또 원숭이들이 물의 부력을 이용해 밀과 모래를 분리시킨 사례는 동물이 상당히 복잡한 사고까지 할 수 있다는 점을 보여주는 것 아닐까요?

칸트 ㅣ 재미있는 사례들이군요. 만약 박쌤처럼 본능을 넘어서는 지점을 이성이 시작되는 기준으로 본다면, 나름대로 의미 있는 반증이 될 수 있을 거라는 생각은 합니다. 하지만 이성의 개념은 좀 더 근본적인 기준을 갖고 있다고 생각해요. 진정한 이성 개념은 단순히 본능을 넘어서는 것만으로는 부족합니다.

저는 앞에서, 이성은 핵심적으로 창조력에 기초한다고 규정하였습니다. 이에 대해 싱어 선생이 여러 가지 사례를 들어서 동물에게도 창의적인 발상과 행위가 있을 수 있다고 주장했죠. 또 창조력이 발현된 문화에 대해서도 다양한 반증 사례를 제시했고요. 하지만 싱어 선생은 창조력이라는 단어를 저와는 다른 의미로 접근하고 있는 것 같습니다. 창조력을 단지 '새로운 것'에 해당하는 것으로만 바라

보는 것은 지극히 협소한 생각입니다. 창조력의 핵심은 그것이 자유혹은 자율성에 기초하고 있는가의 여부입니다. 상황과 조건에 구속된 상태에서 단지 생존을 위해 새로운 것을 찾는 게 아니라, 자기 주위의 현상이나 조건을 대상화할 수 있는 의지와 능력을 갖고 있는가의 문제인 것이죠.

동물을 비롯한 자연의 사물들은 모두 법칙에 따라 작용합니다. 새로운 행위라고 하는 것도 정해진 법칙의 틀에서 벗어나지 못하는 것이죠. 하지만 인간은 자유의지, 자율성을 가지고 있습니다. 자유는 외부 원인들의 영향에서 벗어나 독립적으로 작용할 수 있는 것입니다. 반면 자연의 필연성은 외부 원인들의 영향 아래서 활동할 수밖에 없는, 모든 이성 없는 존재들의 특성이라고 할 수 있어요.

이성은 반드시 자유의 속성으로부터 도출되어야 합니다. 생각해 보면, 이성이 독립적인 의식을 가지는 것과 동시에 어떤 판단을 외부로부터 지도받는다는 것은 양립 불가능한 일입니다. 왜냐하면 그럴 경우, 인간은 어떤 판단을 할 때 그 기준을 자신의 이성이 아니라 본능이나 충동에 의존하는 것일 테니 말입니다. 그러니까 이성은 외부의 영향에서 독립되어 있는 것, 즉 본능이나 환경과 무관하게 스스로 자신을 발전시키는 창시자로 간주해야 합니다.

이성은 오직 자유에 기초해서만 성립할 수 있습니다. 그러니까 이성을 통해서 인간과 동물을 구분하고, 인간을 동물보다 훨씬 우월한 존재로 규정할 수 있는 것이지요. 중요한 것은, 자율성을 가진 인간이 외부적인 요소를 하나의 대상으로 삼았다는 것입니다. 말하자면 인간이 자연의 본래 목적이며 지상의 어떤 동물도 자신과 견줄 수 없다는 점을 스스로 파악했다는 것, 바로 이것이 핵심입니다. 제가 〈추측해본 인류 역사의 기원〉에서 강조했듯이, 인간이 양에게 "네가 입고 있는 가죽은 자연이 너를 위해 준 것이 아니라, 나를 위해 준 것이다."라고 말하고 그 가죽을 벗겨 자신의 몸에 걸쳤을 때, 인간은 다른 모든 동물보다 우위를 점한다는 천부의 특권을 깨닫게 된 것입니다. 그 이후로 인간은 더 이상 다른 동물을 자신과 같은 창조물로 여기지 않게 되었습니다. 그러다 보니까 동물을 자신의 의도에 따라 사용할 수 있는 수단이나 도구 정도로 생각하게 된 것이지요. 하지만 인간들은 이런 생각을 같은 인간에게는 적용할 수 없다고 생각했을 뿐 아니라, 나아가 모든 인간이 자연의 혜택을 동등하게 누릴 권리가 있다고 믿었습니다. 이런 믿음으로 이성을 통해 자신의 의지를 도덕적으로 제한할 수 있었지요. 저는 인간들의 이 제한 능력이야말로 인간 사회를 건설하는 데 필수적인 것이었다고 생각합니다.

박쌤 | 칸트 선생이 이성과 비이성을 구분하는 핵심적인 잣대로 창조력에 이어서 자유의지, 자율성의 문제를 들어주셨는데요. 그런데 이렇게 규정하는 것은 이성 개념을 지나치게 협소하게 만드는 것은 아닐까 하는 생각이 듭니다. 너무 인간을 중심으로 이성 개념을 한정짓는 시도가 아닐까요? 칸트 선생의 기준대로라면 구태여 본능이니 뭐니 하는 말로 동물을 규정하거나 이를 통해 인간을 구분하려는 시도는 필요 없잖아요. 본능을 넘어서는 사고나 행위 중에서도 다시 자유의지를 근거로 이성을 구분하면 본능과 이성 사이에 또 무엇인

가가 존재하는 것인데, 이 영역을 도대체 뭐라고 불러야 하는지 참 난감해지는 면이 있는 것 같습니다.

하지만 어쨌든 논쟁에서는 상대방이 있는 것이니까 칸트 선생이 제시한 기준과 관련해서는 어떤 논의가 가능할지를 모색해봐야 할 것 같습니다. 또한 원래 개념이라는 것 자체가 인간에 의해 인위적으로 만들어진 것이고, 인간과 동물 논쟁 과정에서 현실적으로 제기되는 대표적인 반론이니 피해 갈 수도 없을 것 같습니다. 인간만이 자유의지, 자율성을 지니고 있다는 주장에 대해 싱어 선생의 답변이 궁금해지는데요.

싱어 | 저 역시 논쟁 과정에서 수없이 접해본 반론입니다. 이성 개념을 그렇게 한정할 수 있는가에 대한 의문과는 별도로 자유의지, 자율성 혹은 자의식이나 다른 비슷한 특징들이 인간과 동물을 구별하도록 해준다는 주장은 얼마든지 반박할 수 있습니다.

칸트 선생의 기준에 따르면, 동물보다 자의식적이거나 자율적이라고 주장할 수 없는 정신장애인들은 어디에 해당하는 존재로 봐야 하는 건가요? 칸트 선생의 논리대로라면 이런 무능한 사람들을 우리의 반대쪽, 즉 인간이 아닌 동물로 분류해야 하는 것 아닌가요? 하지만 그렇게 할 수는 없겠죠. 왜냐하면 사람들은 정신장애인들을 고통스러운 실험에 이용하거나 식도락가의 요리용으로 살찌운다는 생각에 질색할 테니 말입니다.

칸트 | 정신장애 때문에 자율성이 결여된 사람이라고 하더라도, 우리

는 그들을 당연히 동등하게 대우해야 합니다. 제가 바로 앞에서 인간이 동물을 수단이나 도구 정도로 간주하되, 같은 인간에게는 이런 생각을 적용할 수 없으며 모든 인간은 동등한 권리를 지니고 있다는 믿음을 가지는 것이 중요하다고 했던 이야기를 상기해볼 필요가 있습니다. 여기에서 중요한 것은 '믿음'입니다. 형식상으로만 보면 동물이나 정신장애가 심각한 사람 모두 자율성이 결여된 것으로 보이지만, 그럼에도 인간에 대해서는 믿음이 필요하다는 것이죠. 여기에서 믿음은, 정신장애인이 비정신장애인처럼 다른 동물과 구분되는 능력을 갖지 못했더라도 마치 그 능력을 가진 것처럼 다루어져야만 한다는 의미입니다. 왜냐하면 우리가 논의의 대상으로 하는 것은 특정한 한 개체가 아니라 인간이라는 존재 그 자체이기 때문입니다. 그래서 개체로서는 자율성을 지니지 못한 정신장애인이지만, 그가 인간이라는 존재의 구성원으로서 비장애 상태일 때 지닐 것이라 예상되는 능력에 기초해서 판단해야 한다는 것이죠.

싱어 | 글쎄요. 그러한 반박은 여러 가지로 논리적인 오류를 보일 텐데요. 우리는 흔히 어떤 인종이나 성에 속하는 사람을 특별히 우대하는 것을 일러 '차별'이라고 부릅니다. 이러한 태도를 차별적인 태도라고 규정하는 데 반대할 사람은 별로 없겠지요. 어떤 사람이 존중받아야 하는 이유는 그 사람이 어떤 인종이나 성에 속해 있기 때문이 아니라 개인이 지니고 있는 존엄성 때문이 아닌가요? 가령 다양한 민족 집단 간에 IQ 차이가 있다고 합시다. 각 민족 집단의 평균 점수가 어떻든 간에 낮은 평균 점수를 받은 집단의 한 구성원

이 높은 평균 점수를 받은 다른 집단의 한 구성원보다 점수가 더 높을 수 있겠지요. 이런 점 때문에 민족 집단의 평균 점수가 어떻든, 구성원들은 개인으로 다루어져야만 하는 것이 올바른 것 아닐까요? 우리와 피부색이 다른 사람들을 존중해야 하는 이유는 그 종족의 평균 지능과 문화적 성취도가 높기 때문이 아니라, 각각의 구성원들이 저마다 존중받아야 할 존재이기 때문이라는 얘기예요.

정리해서 말하자면, 우리가 어떤 존재를 존중해야 하는 근거는 그 집단 전체의 특징이 아니라 개체에서 찾아야 하는 것입니다. 정신장애가 심각한 사람들을 존중해야 하는 이유도 마찬가지이지요. 만약 집단 전체의 특징에서 존중의 근거를 찾는다면 필연적으로 차별적인 태도가 생길 수밖에 없을 것입니다. 그런데 인간과 동물의 관계에서 이런 접근법을 달리 적용해야 하는 이유는 뭐죠? 인간의 존엄성은 개인 자체에서 찾으면서, 인간과 동물의 관계에서 인간이 존엄한 이유는 왜 종 전체의 특징에서 찾는 거죠? 이건 그 자체로 논리적인 오류 아닌가요? 칸트 선생처럼 정교한 논리를 자랑하시는 분이 왜 이 문제에 대해서는 이토록 허술한 논리를 전개하는 것인지 이해를 못하겠습니다.

칸트 | 헐~ 이러다가 제가 싱어 선생에게 인종차별주의자로 지목을 받을 것 같군요. 저는 서구인들이 비서구인들에게 갖는 차별적인 태도와 행위에 대해 깊은 혐오감을 여러 차례 밝혀왔습니다. 또 국가 간의 전쟁을 해결하기 위해서 쓴 《영원한 평화를 위하여》에서는, 영원한 평화를 위한 제3 확정 조항으로 "세계 시민법은 보편적 우호

의 조건들에 국한되어야 한다."라는 점을 강조하기도 했고요. 저는 이것을 단순한 박애의 문제가 아닌 권리의 문제로 규정했지요. 인간은 서로에게 적으로 간주되지 않을 권리를 갖습니다. 그가 평화적으로 처신하는 한 서로 적대적으로 대해서는 안 된다는 점을 강조했지요. 인간에게 보장된 권리란, 지배의 권리가 아니라 교제의 권리라는 점을 분명히 했던 것입니다.

뿐만 아니라 서구인들이 비서구인들에게 저지른 온갖 비우호적 행위와 차별적인 악행을 비판했습니다. 원주민들의 입장에서는 정복 행위에 해당하는, 서구인들의 부정의(不正義)는 매우 가증스러운 것이었습니다. 유럽이 아메리카, 흑인 거주 지역, 향료군도, 희망봉 등을 발견했을 때 서구인들은 원주민들을 결코 사람으로 간주하지 않았습니다. 그래서 그 지역을 주인 없는 땅으로 생각했지요. 그들은 동인도에서 상업적 사업을 도모한다는 미명하에 자신들의 군대를 데려와 거주민을 억압했고, 여러 국가 간의 전쟁을 확산시켰죠. 또 기아와 폭동, 반목 등 인류를 괴롭혀온 일련의 죄악상을 연출했습니다.

제가 이성 중심의 근대 서구 사상을 정립한 대표적인 철학자라고 해서, 이성과 계몽의 이름으로 자행된 인종차별과 식민지 지배에 대해서도 옹호하리라 생각하신다면 큰 오산입니다. 오히려 저는 이에 대해 아주 비판적 태도를 지니고 있어요. 그 어떤 개인이나 집단도 누군가를 지배할 수 있는 권리를 가지고 있지 않습니다. 오직 교제의 권리만을 가지고 있을 뿐이죠.

싱어 ㅣ 제가 칸트 선생에게 묻고 싶은 것은, 그 교제의 권리를 도대체 왜 인간 사회에만 적용하고 동물에게는 적용하지 않느냐는 겁니다.

칸트 ㅣ 쯧쯧~ 성급하시긴. 싱어 선생이 제게 허술한 논리 운운한 것은, 지금 문제 제기한 것처럼 인간들에게는 동등한 권리를 주장하면서 왜 인간과 동물의 관계에서는 서로의 권리를 인정하지 않는가에 대한 불만 때문인 것 같습니다. 정리하자면, 인간이 서로 교제의 권리만을 갖듯이 동물에 대해서도 그래야 하는 것 아니냐는 비판인 거죠? 싱어 선생의 논리는 여성이나 흑인 같은 약자와 소수자의 권리를 부정할 수 없듯이, 동물의 권리도 인정되어야 한다는 식인데요. 그런 점에서 선생은 저를 인간중심주의로 규정하고 있는 것 같아요.

결론적으로 말하자면, 제가 인간중심주의적인 것은 맞습니다. 하지만 그것은 차별을 합리화하기 위한 변명으로서의 인간중심주의가 아닙니다. 문제는, 권리에 대한 정확한 이해입니다. 권리는 모든 사물에게 저절로 부여되는 것이 아닙니다. 어떤 지역에 살고 어떤 피부색을 지니고 있든, 모든 인간은 권리를 가진 존재이기 때문에 수단이 아닌 목적으로 대우를 받아야 한다는 것은 이성에 의해 확인될 수 있는 것이지요. 권리는 인식의 문제이지 사물 자체에 의해 규정되는 것은 아니라는 것입니다.

예를 들어 돌멩이가 그 자체로 권리를 갖는 것이 아닌 것처럼, 자연의 산물 모두가 그 자체로 권리를 갖는 것은 아닙니다. 마찬가지로 동물 역시 저절로 어떤 권리를 획득하는 것은 아닙니다. 권리는 자유의지라는 이성의 원초적인 영역에서 비로소 시작되는 개념이기 때문에 인간에게 국한된 개념일 수밖에 없어요. 동물과는 다르게 선험적인 이성 능력을 지니고 있는 인간으로부터만 권리의 개념이 도출될 수 있는 것이죠.

그렇다고 제가 동물을 돌멩이와 마찬가지로 마구 발로 걷어차고 함부로 대해도 된다고 여기는 것은 결코 아닙니다. 동물과 돌멩이를 구분해서 다르게 대할 수 있는 인식 자체가 인간이기 때문에 가능한 것이지요. 제가 반대하는 것은 동물에게 어떤 권리를 부여하는 것입니다. 동물권이라는 형식으로 마치 권리가 이성과 무관한 영역에서, 사물 자체에서 나올 수 있는 것으로 여기는 사고방식이죠. 동물에게 어떤 권리가 있어서가 아니라, 인간만이 지니고 있는 선험적인 이성 능력에 의해 우리가 동물을 함부로 대하지 않게 되는 것입니다.

박쌤 ┃ 결국 논의가 다시 인간만이 이성 능력을 지니는가의 문제로 돌아오는군요. 이러다가는 논의가 자칫 반복적으로 진행될 가능성이 있겠네요. 인간만이 이성 능력을 지니는가의 문제에 대해 좀 더 진전된 논의를 하기 위해 인간의 사고와 이성 능력이 어디에서 기인하는가에 대해 먼저 논의하는 것이 좋을 듯합니다. 인식 능력이라는 게 칸트 선생이 주장하듯이 인간의 선험적인 능력으로서 독립적인 성격을 지니는가, 아니면 물질적인 영역에 속하는가에 대한 고민이 필요합니다. 만약 인간의 인식 능력조차도 동물과 마찬가지로 물질적, 화학적인 작용의 결과물에 불과하다면 인간만의 권리라는 것도 성립하기 어렵겠죠.

서양철학은 의식과 물질을 구분하는 이원론적 전통에 기초하고

있었습니다. 플라톤은 마음이란 비물질적인 것으로, 한정된 크기나 모양을 갖고 있는 물질적 존재들과는 달리 독립적으로 존재할 수 있다고 하면서 그것이 곧 영혼이라고 했습니다. 그는 영혼은 욕정과 기개를 갖고 있을 뿐만 아니라, 이 두 능력을 통제하고 지도할 수 있는 이성 능력도 갖고 있다고 보았습니다. 그런 점에서 플라톤은 물질적인 것들과 비물질적인 것들의 존재를 구분하는 이원론자였죠. 이 이원론을 본격적으로 정식화한 사람이 데카르트이고요.

데카르트는 정신과 물질은 완전히 분리된, 전혀 다른 속성을 지닌 실체들로서 각기 독립적으로 존재할 수 있다고 보았습니다. 의심하고 사유하는 의식, 즉 사유만이 절대적으로 확실하며 그것만이 존재에 관한 모든 의심을 배제하고 있다는 것을 증명하고자 했죠. 데카르트는 우리가 감각적으로 지각할 수 있는 모든 것으로부터 우리 자신을 분리시킬 수 있고 우리가 지각한 모든 것의 존재 여부를 의심할 수 있지만, 그러한 활동을 행하고 있는 지적인 작용 자체의 실재성을 의심하는 것은 불가능하다고 믿었습니다.

그런데 의식과 물질의 이원론적 사고에 다양한 비판이 제기되었습니다. 주로 인간의 지적 작용이 과연 외부 세계와 관계없이 가능한가라는 의문에 대한 것이었죠. 쉽게 말하자면, 살아 있는 인간의 살갗을 바늘로 찔렀을 때 아픔을 느끼는 것처럼 현실적으로 정신과 육체는 서로 영향을 주고받습니다. 그런데 이원론은 이 점을 명확히 설명해주지 못한다는 것이지요.

대표적으로는 고대 그리스의 유물론자들이 여기에 해당한다고 볼 수 있습니다. 이들의 기본적인 주장은, 물질의 순수한 속성들 외에 존재하는 것은 아무것도 없다는 것입니다. 이런 견해는 만물이 물로 되어 있다고 한 탈레스의 주장을 비롯해 물과 함께 흙, 불, 바람 등 4원소가 만물의 원질이라는 주장, 만물을 지배하는 가장 순수하고도 세련된 원리이자 공간을 점유하고 있는 특수한 물질적 원질로서 누스(Nous)를 주장한 아낙사고라스, 만물은 분할되지도 않고 관통되지도 않는 원자들로 이루어져 있으며 감각, 지각, 상상, 사유는 원자의 다양한 성질과 관계 속에 놓여 있다는 데모크리토스의 원자론에 이르기까지 다양한 논의가 있었죠.

현대 과학은 신경생물학을 통해 이에 대한 규명을 시도합니다. 신경생물학에 따르면 인간의 기쁨, 슬픔, 기억, 야망을 비롯해 칸트 선생이 자주 강조하는 자유의지조차도 신경세포와 이 신경세포들을 연결시키는 분자들, 그리고 이 모든 집합물들의 행동에 불과할 뿐이라고 합니다. 인간의 의식이 뇌물질인 뉴런들의 꾸러미에 지나지 않는 것으로 여겨질 수 있는 것이죠. 사람이 어떤 생각을 하고 의식적인 행동을 하는 것은 머릿속에서 특정 뉴런이 특정한 방식으로 행동하기 때문이라는 것입니다. 결국 인간 의식의 선험성을 강조하는 칸트 선생의 논리와는 반대로 인간의 의식은 뇌의 물질적 작용 결과일 뿐이고, 인간의 감정이나 의지는 신경세포에 의존한다는 주장입니다. 이를 흔히 의식에 대한 환원주의적 관점이라고 부르기도 하더군요.

이에 대해서는 칸트 선생이 어떤 반론을 펼칠지 기대가 됩니다.

칸트 | 제가 인식의 선험성을 강조한다고 해서, 데카르트식의 기계

론적 이원론을 찬성하는 것은 아닙니다. 오히려 데카르트에 상당히 비판적인 입장을 갖고 있어요. 데카르트가 이야기한 "나는 생각한 다. 그러므로 나는 존재한다."라는 말은, 철저하게 외부와 분리된 인간의 의식을 전제로 하고 있지요. 하지만 반대로 생각해보면, 자신의 존재를 의식하고 있다는 것은 같은 공간에 있는 다른 외적 존재들을 입증하고 있는 것이라고 봐야 합니다. 어떻게 인간이 공간과 시간이라는 외적, 물질적인 조건에서 분리되어 존재할 수 있겠어요? 의식도 마찬가지입니다. 자신의 존재에 대한 의식은, 동시에 나이외의 다른 사물의 존재에 대한 직접적 의식이라고 봐야 해요. 인간의 의식이라는 내적 경험은, 외적 경험을 통해서만 가능합니다. 그러니까 자기의식만이 절대적으로 확실하다는 데카르트의 주장은 성립할 수 없지요.

하지만 데카르트와 반대편에 서 있는, 의식과 물질의 관계에 대한 유물론이나 경험론적인 관점도 오류를 보이기는 마찬가지예요. 제가 《순수이성비판》에서 여러 차례 강조했던 것처럼 인간은 어떤 종류의 선천적 인식 능력을 갖고 있습니다. 이러한 선험성은 감성과 이성의 영역 모두에서 나타납니다. 물론 방식과 수단이 어떠하든 간에 인식이 대상과 직접 관계를 맺고, 또 모든 사고의 수단으로 쓰이는 것은 직관입니다. 이 직관은 대상이 우리에게 주어지는 한에서만 존재해요.

하지만 우리 인간에게 이런 일이 일어나기 위해서는 물질 자체가 어떤 방식으로 심성을 촉발해야만 합니다. 인간에게는 대상으로부터 어떠한 표상을 얻을 수 있는 감성 능력이 선험적으로 존재하니다. 따라서 감성에 의해서 대상이 우리에게 주어지고, 감성만이 직관을 우리에게 주는 것으로 보아야 해요. 물질적인 감각에 귀속되지 않는 선험적인 감성 능력을 인간은 지니고 있는 것이지요.

저는 감각에 귀속하는 것을 전혀 내포하지 않는 모든 표상들을 선험적 의미에서 순수하다고 규정합니다. 감성적 직관들 일반의 순수한 형식은 심성에서 선천적으로 발견되는 것이지요. 인간은 이런 선험적 능력이 있기에 어떤 물체의 표상을 그대로 반영하는 데 머물지 않고 힘이나 강도, 색 등을 구분할 수 있는 것입니다.

박쌤 | 칸트 선생이 워낙 엄밀한 개념어를 많이 사용하는 편이어서 주장하는 바를 독자들이 이해하기에는 어려운 면이 있을 것 같아요. 칸트 선생은 인간 인식의 선험성에 대해 밝히고 있는데, 그 근거가 지나치게 이론적인 측면에서, 그것도 개념어를 중심으로 제시되고 있어서 더 어려움이 있는 것 같습니다. 쉽게 이해할 수 있도록 사례를 통해 논거를 보완해주었으면 합니다.

칸트 | 제 말이 좀 어렵죠. 그래서 사람들이 제 책을 볼 때 상당히 짜증을 내는 편이긴 하죠. ㅎㅎ~ 좀 더 이해하기 쉽게 이야기해볼게요. 박쌤이 현대 사회의 신경과학 연구 성과를 근거로 제게 질문을 했는데요. 이와 관련해 사례를 통해 좀 더 구체적으로 얘기해보죠. 제가 말한 의식의 선험성과 완전하게 일치하는 것은 아니지만, 왜 의식이 물질의 단순한 반영일 수 없는가에 대한 좋은 설명이 될 수 있을 것 같습니다.

저는 인간이 어떤 현상을 접하고 반응을 하는 것은, 물질적인 과정으로 설명할 수 있다고 생각해요. 그런 점에서 앞에서도 데카르트를 비판했던 것이고요. 지속적인 신경과학 연구가 앞으로 이에 대한 해답과 근거를 더 충분하게 제공해줄 것입니다. 하지만 문제가 여기서 끝나는 것은 아닙니다. 물질적인 것으로는 설명할 수 없는, 인간의 선험적인 의식의 영역이 존재하기 때문이죠. 이것은 두뇌의 물리적 과정이 어떻게 주관적 경험을 갖게 하는가에 대한 영역입니다. 사고와 지각의 내적 측면, 즉 주체가 어떤 것을 느끼는 방식과 관련된 문제이죠.

후대의 철학자들은 이것을 감각질(感覺質)의 문제라고 부르더군요. 쉬운 예를 들자면, 붉은색의 붉은 느낌이나 통증의 아픔 같은 주관적 경험을 객관적으로 설명할 수 있는지에 대한 문제입니다. 이것은 물질적 작용으로서 의식을 규정하는 사람들에게는 매우 난감한 문제일 텐데요. 가령 빨간 사과가 있다고 합시다. 문제는 내가 아주 생생하게 지각하는 붉은색의 붉은 느낌이 다른 사람이 느끼는 것과 완벽하게 같은지를 확인할 수 없다는 사실에서 발생합니다. 나는 매우 붉은색이라고 느끼겠지만 색의 구분은 셀 수 없이 다양하고 사람마다 다르게 느끼잖아요. 어떤 사람은 불그스름하다고 느낄 수 있고, 또 어떤 사람은 검붉은색이나 다홍색이라 생각할 수도 있겠죠. 하늘을 볼 때도 우리는 생생한 푸름과 같은 시각적 감각을 경험합니다. 이 또한 정확하게 하나로 그 색을 규정할 수가 없죠. 또 말로 표현할 수 없는 오보에 소리, 극심한 고통, 형언할 수 없는 행복감을 생각해보세요. 이러한 의식 현상들은 의식을 기계적, 물질적, 화학적 작용으로 설명할 수 없는 예들이지요.

그래서 결론을 다시 정리하자면 이렇습니다. 주관적 의식 경험은 뇌의 작용으로 설명할 수 없습니다. 인간의 의식은 신경생물학으로 해결할 수 없는 영역인 것이지요. 신경생물학은 인지 기능에 대해서는 어떻게 설명해볼 수 있을지 몰라도, 왜 사람마다 동일한 것을 다르게 의식하는지를 확인할 수 없습니다. 그렇기 때문에 인간의 주관적 의식 경험을 설명하는 것은 불가능합니다. 이것은 물질적인 요소를 넘어 인간이 선험적으로 가지고 있는 능력에 해당하는 영역으로 이해해야 합니다.

싱어 | 칸트 선생이 지적하신 것은 현재의 과학 수준 때문에 초래되는 한계 정도로 보아야 하지 않을까요? 지금 당장 그런 감각질의 문제를 확정적으로 설명할 수 있는 과학적 근거가 부족하다고 해서, 붉은색을 보는 것과 관련이 있는 신경 상태를 설명하는 것이 미래에도 불가능한 것은 아니라고 봅니다.

가령 과학의 발달로 뉴런의 활동 상태를 더 정교하게 측정할 수 있는 장치가 발명되었다고 생각해봅시다. 이 장치를 이용하여 머릿속에서 특정 뉴런이 특정한 방식으로 활동하는 것을 확인할 수 있다면 특정한 붉은색을 서로 동일하게 지각한다고 할 수 있을 것입니다. 만약 붉은색과 관련 있는 신경 상태가 선생의 뇌와 나의 뇌에서 정확하게 같은 현상이 나타난다고 밝혀진다면, 선생도 내가 느끼는 것처럼 특정한 붉은색을 느낀다고 추론하는 것이 과학적으로 가능하겠지요. 주관적 의식 경험은 특정한 대상을 인식하는 과정에서 상이한 주체의 신경 상태가 동일하게 나타나는 것을 통해, 즉 과학을 통해 객관적으로 설명하는 것이 가능하다는 얘기예요.

칸트 | 과연 그게 그렇게 간단할까요? 저는 색의 구별을 예로 들어 설명했지만, 이와 관련된 의식의 문제는 수없이 많습니다. 앞에서도 논의한 바 있는 창발성의 문제, 즉 이전에는 의식 속에 없던 것이 갑자기 발생하는 현상은 어떻게 설명할 건가요? 창의성을 과연 뇌의 물리적인 운동으로 설명할 수 있을까요? 이것뿐만 아니라 표상, 이미지, 기억, 욕구, 믿음 등 물질적인 요소로 설명하는 게 불가능한 의식적인 현상은 얼마든지 있어요.

싱어 | 우리가 고정된 물질을 대상으로 논의하고 있는 것이 아니잖아요. 물질은 끊임없이 운동을 합니다. 그것도 매우 복잡한 양상을 띠고 있죠. 우리가 그 운동을 모두 설명할 수 없다고 해서 그것이 존재하지 않는다고 말할 수 있을까요? 선생이 말한 창발성이나 이미지, 기억, 욕구, 믿음 등은 운동 중인 물질의 복잡한 형태로서 이해해야 하지 않을까요? 과학적으로 규명하는 것이 쉽지 않고 시간이 오래 걸릴 일이란 이유로 신비스럽거나 선험적인 다른 요소에서 근거를 찾으려고 하는 것은 지적인 나태 아닙니까? 현재 과학의 발전 속도로 볼 때 분명 머지않은 장래에 신경과학의 도움을 받아 뇌와 의식에 대한 통일적 이론을 구축할 수 있을 것입니다.

박쌤 | 후~ 참 어려운 문제투성이군요. 인간과 동물의 차이가 정도

의 차이인가, 종류의 차이인가에 대한 논의만으로도 수많은 쟁점이
형성되고 있습니다. 그 가운데 어느 것 하나 간단치가 않습니다. 논
의가 더욱 풍부해지기 위해서라도 이제 실천적인 문제와 연관을 지
어서 논쟁을 펼치는 것이 필요할 것 같습니다. 인간과 동물의 차이
그 자체만 가지고 논의를 계속하다 보면 자칫 현학적인 이론으로만
흐를 위험성이 있을 테니까요.

자, 그러면 이어서 동물도 윤리의 대상일 수 있는가의 문제와 함
께 더 구체화된 논쟁으로 들어가도록 하겠습니다.

인간과 동물 논쟁의 의미와 배경

인간과 동물 논쟁의 실천적인 의미

인간은 수천 년 동안 다양한 방식으로 인간의 본성을 탐구해왔다. 이 과정에서 가장 애용되었던 방법이 인간을 동물과 비교하고 구분하는 것을 통해 인간 자신을 정의하는 것이었다. 수많은 서구 사상가들은 동물이 도덕적으로 중요성이 아예 없거나 기껏해야 아주 사소한 중요성을 가진 존재들로 인식하였다. 반대로 인간은 동물과는 달리 동물적 본성을 뛰어넘으려고 하기 때문에, 스스로가 특별한 종류의 피조물일 수 있다는 생각을 상식처럼 받아들이려 했다.

　인간들은 오랫동안 정신적인 영역을 근거로 사람과 동물을 구별하려고 애써왔다. 이성을 가진 존재, 도구를 사용하는 존재, 언어를 사용하는 존재 등 다양한 방식으로 사람과 동물의 질적 차이를 규명하려고 노력했다. 그러면서 자연스럽게 정신은 인간적 특징으로, 육체는 동물적 특징으로 여겨지고 이성의 저수지인 정신은 고귀한 것, 육체는 욕망에 이끌리는 저열한 무엇으로 간주되었다. 이것은 정신노동은 고귀한 것, 육체노동은 천한 것이라는 인식을 만들고 나아가 정신적인 사랑과 육체적인 사랑을 분리해 성적인 만족을 천한 것으로 여기게 했다. 이렇게 사람과 동물을 질적으로 구분하는 태도는 인간은 주체이고, 동물을 포함하는 자연은 대상일 뿐이라는 등식 관계를 만들어냈다.

이런 생각에 비판적인 입장을 가진 사람들은, 인간과 자연을 분리시키고 의식과 물질을 분리시키는 이원론적 관점이 자연을 착취의 대상쯤으로 여기게 했다고 지적한다. 이 때문에 인간이 생존을 위해 필요한 '이용'을 넘어서 무차별적으로 자연을 파괴하고 정복하는 상황까지 오게 되었다는 것이다. 이런 비판적 관점을 대표하는 현대 철학자가 바로 '실천윤리학'이라는 새로운 철학적 지평을 열어나가고 있는 피터 싱어다.

이성을 중심으로 인간과 동물을 구분하고 인간에게 동물과는 다른 권리를 부여하는 사고는, 그 뿌리가 깊은 것만큼이나 수많은 사상가를 포함하고 있다. 고대 그리스의 플라톤에서부터 근대 철학을 대표하는 데카르트와 독일 관념론의 전통에 속하는 철학자들이 대부분 여기에 해당한다. 이 가운데 가장 극단적인 주장을 한 인물이 데카르트이고, 인간 이성에 대해 그 누구보다 풍부한 내용을 제시한 인물은 칸트라고 할 수 있다.

인간과 동물 논쟁은 단순히 지적 호기심을 충족시키고자 하는 데 목적이 있는 것이 아니다. 앞서 이야기했듯이 이 관계를 어떻게 설정하느냐에 따라 인간과 자연에 대한 인식이 서로 다른 방향으로 향하게 된다. 이는 곧바로 현대 사회의 가장 큰 재앙이라 불리는 자연과 생태계 파괴의 원인과 대안을 어떻게 찾아야 하는가의 문제로 이어진다. 또한 근대 이후 인간의 이성중심주의를 어떻게 평가할 것인가의 문제와도 맞닿아 있다. 그만큼 인간과 동물 논쟁은 현실의 실천과 밀접한 연관을 맺고 있는 쟁점이다.

서구의 종교적 전통에서의 인간과 동물에 대한 인식

서구의 전통적인 종교인 유대교와 기독교, 이슬람교에서는 동물들에게 그다지 우호적인 편이 아니었다. 성경의 창세기에서는 오직 인간만이 신의 형상을 따라 창조되고, 동물을 지배할 수 있는 권리를 부여받은 존재로 그려진다. 동시에 인간과 동물을 태초부터 질적으로 다른 존재로 구분하고 있는데, "하나님이 가라사대 우리의 형상

창조론과 진화론

을 따라 우리의 모양대로 우리가 사람을 만들고 그로 하여금 바다의 고기와 공중의 새와 육축과 온 땅과 땅에 기는 모든 것을 다스리게" 하였다고 쓰여 있다. 또한 "무릇 산 동물은 너희의 음식물이 될지라 채소같이 내가 이것을 다 너희에게 주노라"라고 하면서 동물을 비롯한 자연의 만물에 대한 특별한 권리를 인간에게 부여하고 있다. 고대 서구인들은 이런 인식에 기초해서 성대한 제사 의식을 위해 종종 가축을 희생물로 바쳤다.

따라서 서구 종교의 전통에 따르면, 도덕적으로 의미 있는 존재는 인간뿐이다. 이러한 입장을 대표하고 있는 사람으로 토마스 아퀴나스를 들 수 있다. 아퀴나스는 "동물은 창조자인 신의 지혜에 따라 움직이는 기계와 같다."라고 주장했다. 그는 몇몇 글에서 동물의 자유의지를 부정하면서 동물의 작동을 시계의 작동에 비유했다. 전해 오는 이야기에 따르면, 그는 식사 때마다 육식을 즐긴 비만한 사람이었다고 한다. 아우구스티누스나 아퀴나스 등은 동물이 고통을 느끼는 사실이, 인간이 동물에게 친절해야 하는 이유가 되지는 않는다고 주장하였다. 이들이 보기에 인간이 동물을 잔인하게 대하지 말아야 하는 이유는, 동물 때문이 아니라 이런 행동이 인간의 잔인성을 초래할 수도 있기 때문인 것에 불과하다.

전통적인 서양철학에서의 대표적인 논의

아리스토텔레스는 동물이 이성적인 인간을 위한 존재라고 생각했다. 인간에게 먹을 것과 입을 것을 제공하기 위해 동물이 존재한다고 생각했던 것이다. 그는 영혼의 세 가지 종류가 있다고 생각했는데, 식물적인 영혼과 감각적이거나 동물적인 영혼, 이성적인 영혼이 그것이다. 아리스토텔레스는 이 가운데 이성적 영혼은 인간에게만 있다고 주장했다.

대부분의 서양철학자들은 그의 견해를 받아들였다. 심지어 데카르트는 동물이 고통을 느낄 수 있다는 사실조차 부정했다. 그는 이성적이지 않은 존재는 감각, 곧 쾌락이나 고통을 느낄 수 없는 생물학적 로봇 또는 의식적인 기계장치에 불과하다고 말한다. 그런 점에서 동물은 이성 능력을 갖춘 인간과 구별될 수밖에 없으며, 당연히 도덕적 고려의 대상으로부터 제외된다는 것이다.

아리스토텔레스가 인간과 동물의 서로 다른 영혼의 문제를 다루었다면, 데카르트는 동물의 영혼에 관한 문제를 동물의 지능에 관한 문제로 바꿨다. 데카르트에게 영혼은 이성을 뜻하기 때문이다. 즉 영혼보다 추론 능력을 중심으로 인간과 동물을 절대적으로 구별하려 했던 것이다. 그가 볼 때 동물이 가진 재주나 근면성, 빠른 속도 등은 단지 기계적인 본성에 불과했다. 동물에게는 가장 중요한 요소인 추론 능력이 결핍되어 있기 때문에 그가 생각할 때 열등한 존재일 수밖에 없는 것이다.

칸트는 동물이 고통을 느낄 수 있다는 것을 부정하는 데카르트의 견해에는 반대했다. 하지만 이성적 존재인 인간만이 목적 그 자체이고, 동물은 단지 수단이라고 생각했다. 또한 동물이 인간과 같은 도덕적 권리를 가진다는 발상에 회의적인 반응을 보였다. 동물들이 고통을 감지할 수 있다는 사실만으로 우리가 그것을 인간과 같이 존중해야 할 도덕적인 의무까지 갖게 되는 것은 아니라는 것이다. 그는 그 근거를 자유의지와 자의식에서 찾았다. 동물은 이성적 능력을 갖춘 자의식적인 존재가 아니기 때문에 도덕적 선의지를 갖출 수 없고, 그러므로 인간이 동물을 도덕적인 존재로 고려할 필요가 없다는 것이다.

다만 인간은 동물을 학대하거나 거칠게 다루기보다는 되도록 따뜻하게 보살펴야 하는데, 그 이유는 동물에 대한 의무에서가 아니라 인간의 바람직한 도덕성 함양이라는 간접적인 교육 효과를 얻기 위해서이다. 칸트는 인간이 아닌 동물을 잔인하게 대하는 사람은 동시에 자신의 성격도 포악해질 위험이 있다고 보았던 것이다.

서양철학 전통 내에서의 비판적 견해들

근대까지 동물에 대한 존중을 강조한 대표적인 인물로는 몽테뉴가 꼽힌다. 그는 동물은 인간보다 더 자연 그대로의 특징을 지니기 때문에 인간보다 우월하다고 주장했다. 그에게 인간이 자랑하는 이성 능력은 인간의 열등함을 보여주는 다른 측면일 뿐이다. 또한 인간의 이성은 오도될 수 있기 때문에 오히려 천국에서 추방되는 결과를 낳았다. 그는 "우리는 인간을 정의로, 동물을 친절로 대해야 한다. 인간과 동물은 서로 교류하며 상호 간의 의무가 있다."라고 하면서 동물을 인간의 동료로서 존중해야 한다고 강조했다.

철학자 가센디는 동물이 인간처럼 추론하지 못한다는 것을 받아들이면서도, 이것은 정도의 문제이지 본질의 문제가 아니라고 반박했다. 그는 "정도의 차이를 제외하면 동물과 우리는 거의 다를 바가 없다."면서 인간의 말은 개가 짖을 때의 정신 활동이 발전한 것에 불과하다고 주장한다.

동물을 열등한 존재로 보는 서양의 주된 전통과 반대 입장에 서 있는 이로는 벤담, 밀 같은 영국의 공리주의 철학자들이 있다. 이들은 동물의 고통 그 자체가 문제라고 주장했다. 벤담은 동물이 권리를 가진 존재로 인정되는 날이 오기를 기대했다. 이들의 사고는 동물을 거칠게 다루는 것을 제한하는 법률을 만드는 데 영향을 미쳤다. 그러나 인간과 동물의 이해관계가 상충할 때 인간의 이해관계가 우선한다는 가정을 재고하는 데까지 이르지는 못했다.

앞서 이야기한 피터 싱어가 바로 공리주의 전통에 기초하여 그 한계를 넘어서고자 시도하는 대표적인 현대 철학자이다. 그는 인간의 이해관계를 동물의 이해관계보다 우선하는 것을 정면으로 반박한다. 그의 시도는 오늘날 동물권 및 동물해방운동의 전 세계적인 확산을 가져오는 데 결정적인 역할을 했다.

인간과 동물의 관계에 대한 동양의 이해

동물에 대한 동양의 전통은 서구의 사고방식과는 다른 편이다. 인도와 중국의 일부 종교 전통들은 다른 종교들에 비해 상대적으로 동물의 중요성을 높게 평가하고 있다. 물론 서구의 인간중심주의적 사고와 비교해 상대적인 의미이지만 어쨌든 차이가 있다. 힌두교와 불교에서 인간과 동물의 관계는 매우 밀접하게 연결되어 있다. 인간이 동물로 환생할 수 있다는 힌두교의 관념은 인간과 동물을 매우 밀접한 관계로 만들었다. 힌두교에서는 '모든 살아 있는 존재들에 대해 나쁜 감정을 품지 않는 것'을 강조한다. 인간이 아니라 하더라도, 살아 있는 모든 대상에게 몸과 입과 마음으로 사악한 행위를 하지 말라는 가르침이다.

물론 그렇다고 해서 동물을 인간과 완전히 동일한 존재로 보았다는 의미는 아니다. 불교에서 인간이 동물로 환생하는 것은, 현세에서 덕을 쌓지 못했을 때 나타나는 부정적인 현상으로 다루어진다. 그런 점에서 동물은 인간보다 열등한 존재로 파악된다. 하지만 윤회설은 인간이 동물에게 조심스러운 태도를 가질 수 있게 인도하는 역할을 하기도 한다. 왜냐하면 자신이 하찮게 생각해서 함부로 대하거나 죽인 동물이 어쩌면 가까운 조상일 수도 있으며, 자신이 다음 세상에 동물로 환생할 수도 있다고 생각하기 때문이다. 이런 생각은 세상의 모든 만물이 지닌 본질적 가치에 대해 존중의 태도를 만들어 낼 수 있는 심리적인 기반을 제공하기도 한다.

VS.

동물도 윤리의 대상일 수 있는가?

박쌤 ┃ 동물도 윤리의 대상일 수 있는가라는 논쟁점을 좀 더 구체적으로 설명하자면 이렇습니다. 어떤 종류의 존재가 도덕적인 관심을 받을 자격이 있는가, 오직 인간뿐인가, 아니면 인간 아닌 동물도 가능한가, 우리는 동물을 어떻게 다루어야 하는가, 동물은 도덕적인 권리를 가지고 있는가, 동물들의 고통은 인간의 고통과 동일시되어야 하는가 등 여러 가지 고민을 포함하고 있는 것이라고 할 수 있겠죠.

　앞에서 논의한 '인간과 동물의 차이에 대해 어떤 태도를 지니는가'의 결론에 따라 윤리를 동물에게까지 확대 적용해야 하는가의 문제 역시 상반된 결론에 도달하게 될 것 같습니다. 만약 인간과 동물이 질적으로 구분될 수 없는 존재라고 생각한다면, 도덕은 당연히 두 대상을 동일하게 다룰 것을 요구하겠죠. 즉 인간과 동물이 도덕적으로 의미 있는 차이가 없다면, 똑같은 대우를 받아야만 한다는 결론에 이르게 될 것입니다. 철학자들뿐만 아니라 모든 인간이 동물의 도덕적 지위를 고려해야 하는 것이죠.

반대로 인간과 동물이 질적으로 다른 존재라고 생각한다면, 도덕적으로 당연히 다르게 적용하게 될 것이고요. 물론 여기에는 도덕을 무엇으로 규정하는가의 문제도 있겠지요. 일반적으로는 도덕을 이성의 영역으로 규정한 후에, 오직 인간만이 이성을 지니고 있다는 주장을 도덕과 연결시켜서 인간만이 도덕적 존재라는 결론에 이르게 되는 것 같아요. 당연히 동물은 도덕적인 고려의 대상에서 제외되겠죠.

그런데 도덕이라는 것은 구체적인 삶의 영역에서 실천적인 성격을 띠며 나타나므로 이런 분류를 넘어서 훨씬 복잡한 논의가 필수적일 것 같습니다. 싱어 선생이 문제 제기를 하는 입장이니, 먼저 왜 동물에게까지 도덕적 고려의 폭을 확장해야 하는지 설명해주었으면 합니다.

싱어 │ 우리는 흔히 "네 이웃을 사랑하라"는 말을 듣습니다. 그리고 이에 대해서 어느 누구도 반론을 제기하지 않아요. 굳이 기독교의 가르침이 아니라 하더라도 인간을 사랑하며 존중해야 한다는 주장을 당연하게 여깁니다. 그런데 왜 동물은 여기에 포함될 수 없나요? 칸트 선생을 비롯한 대부분의 서양철학자들은 인간만이 합리적인 사고를 할 수 있는 존재라고 합니다. 이런 주장에 대해 저는 다음과 같은 문제를 계속 제기해왔습니다. 만약 그렇다면 합리적인 사고 능력을 결여한 사람들도 도덕적 고려 대상에서 제외되는가를 말이죠.

어떤 사람들은 저의 이런 주장이 인간의 지위를 낮추는 것 아니냐고 반문을 하더군요. 하지만 제 목표는 인간의 지위를 낮추는 것이 아니라, 동물의 지위를 높이는 데 있습니다. 반박의 요지는 어떠한 자의적인 윤리적 구분도 객관적일 수 없다는 것이고요. 정신장애인이 인간적인 대우를 받는 것이 당연한 것처럼, 그와 비슷한 수준의 자의식을 갖고 있는 동물들도 생명을 가진 존재로서 존중받아야 하는 것이죠.

이런 도덕적인 요구를 실천에 옮기려는 운동을 일괄적으로 동물해방운동이라고 부르는데요. 여기서 '동물해방'이란 우리 인간들의 사고를 전환함으로써 동물 또한 도덕적 고려의 대상임을 분명히 하고 그에 상응하는 대우를 해주는 것을 의미합니다. 이것은 단순히 애완동물을 사랑하라는 주장이 아닙니다.

《동물해방》에서도 언급했듯이 저의 주요 관심 대상은, 부잣집에서 아프리카 난민들보다 훌륭한 식사를 하며 살아가는 애완동물이 아니라, 공장식 농장에서 오직 인간의 미각을 만족시키기 위해 고통 속에 살다가 삶을 마감하는 온갖 가축들과 실험 대상이 되어 죽어가는 동물들입니다. 또 한국에서처럼 좁은 우리에서 맘껏 움직여보지도 못하고 평생을 굶주리며 살다가 보신탕 집 뒤뜰에서 매를 맞으며 죽어가는 잡종견도 여기에 포함되겠죠.

칸트 | 저 역시 동물을 함부로 다루어도 된다고 생각하지 않아요. 오

히려 동물을 학대하거나 거칠게 다루지 말고 따뜻하게 보살펴야 한다고 생각하죠. 인간과 동물을 구분하는 사람들이 마치 동물 학대를 옹호하는 편에 서 있는 것처럼 생각하는 것은 곤란합니다. 다만 차이가 있다면 왜 동물을 따뜻하게 보살펴야 하는지에 대한 동기의 문제입니다. 싱어 선생처럼 동물이 인간과 마찬가지로 윤리의 적용 대상이기 때문이 아니라, 인간의 바람직한 도덕성을 함양하기 위해 필요한 간접적인 교육 효과 때문이라고 할 수 있습니다. 동물을 잔인하게 대하는 사람은, 자신의 성격도 함께 포악해질 위험이 있거든요. 어릴 때 개나 고양이를 괴롭히는 것을 좋아하던 아이는 나중에 성인이 되고 나서도 다른 사람을 못살게 구는 나쁜 성향을 띠게 된다는 것을 우리는 경험으로 알고 있습니다. 그런 점에서, 우리가 동물에게 정의를 행해야 하는 것은 아니지만 거칠지 않게 동물을 이용해야 한다고 생각한 흄과 비슷하지요.

싱어 선생은 자신의 주장이 인간을 낮추는 것이 아니라고 강변하고 있지만, 자신의 의도와는 무관하게 그런 결과를 낳을 수 있어요. 선생의 기준대로 인간과 동물이 모두 동일한 도덕적 고려의 대상이니까 동일하게 대해야 한다고 가정해봅시다. 그러면 인간과 동물의 생명이 동시에 위태로운 상황에서 인간을 죽게 놔두고 동물을 구한 사람을 비난할 수 없겠죠. 이게 옳은 것입니까? 이런 결론이 인간을 낮추는 것이 아니면 무엇입니까?

다시 한 번 강조하지만, 이성 능력이 있는 존재에게만 윤리를 적용할 수 있습니다. 이성 능력은 도덕적인 고려를 하는 데 결정적인 요소이고, 오직 인간에게만 있습니다. 그런 까닭에 동물이 도덕적 고려의 대상에서 제외되는 것이죠. 제가 〈윤리학 강의〉에서 말했듯이 인간은 동물에게 직접적인 의무가 없습니다. 동물은 오직 목적을 위한 수단으로서만 존재합니다. 목적은 언제나 인간이고요. 다만 동물을 잔인하게 대하는 행동은, 그것이 인간에게 미칠 악영향 때문에 금지하는 것일 뿐이죠.

박쌤 | 두 분의 생각을 들어봤는데요. 좀 더 세부적인 논의로 들어가야 할 것 같습니다. 그래야 보다 의미 있는 논쟁, 실천적인 논쟁이 가능할 테니까요. 일단 두 선생에게서 제기될 수 있는 의문부터 간단히 짚어보겠습니다. 먼저 칸트 선생은 오직 인간만이 도덕적인 행위를 할 수 있다고 주장했는데, 동물도 도덕적인 행위를 할 수 있다는 반론이 있을 수 있습니다. 우리가 도덕적이라고 부르는 행동을 동물도 어느 정도 한다는 것이죠.

예를 들어 동물학자들이 관찰한 바에 따르면 흡혈박쥐는 동굴 천장에 거꾸로 매달린 채로 서로 피를 게워내고 받아먹는데, 대체로 자기 가족이나 친척들끼리 피를 주고받는다고 합니다. 그렇지만 꼭 친척이 아니더라도 가까이 매달려 있는 이웃들에게 종종 피를 나눠주기도 해요. 이렇게 피를 받아먹은 박쥐는 고마움을 기억하고 훗날 은혜를 갚기 때문에 이 진기한 풍습이 유지된다고 합니다. 이들의 행위는 어떤 면에서는 인간보다 더 도덕적인 성격을 띠고 있는 것 아닌가요? 이러한 사례는 많이 있습니다. 부상을 당한 동료를 등에 업고 그가 충분히 기력을 찾을 때까지 떠받쳐주는 고래들의 따뜻한 동료애나 자신의 몸을 희생하여 자식들에게 먹이는 거미들의 지극한 자식 사랑 등은 인간의 지독한 이기심 따위와 비교해볼 때 동물 나름의 도덕적인 행동으로 볼 수 있지 않을까요?

영장류의 경우는 더 극적입니다. 침팬지들은 헤엄을 못 치는데도 동물원 연못에 빠진 동료를 구하려고 기꺼이 물에 뛰어든다고 합니다. 또 붉은털원숭이들은 끈을 당기면 음식을 얻지만 대신 동료가 전기 충격을 받게 되는 상황에서 며칠간 굶는 쪽을 택했다고 해요. 이런 예들을 도덕의 기초적인 형태로 볼 수 있지 않을까요? 영장류 학자인 왈(De Waal) 박사는 영장류 사회에도 인간의 도덕과 흡사한 타자와의 공감, 규칙을 배우고 따르는 능력, 상호주의, 화해 등 네 가지 원칙이 존재한다는 사실을 발견했다고 합니다. 이러한 원칙은 인간의 도덕과 분명한 차이가 있기는 하지만, 도덕심의 출발점이라고 할 수 있지 않을까요?

칸트 | 앞의 논쟁에서 이성의 개념에 대한 엄밀한 규정이 필요했듯이, 윤리의 개념에 대해서도 정확한 이해가 우선되어야 합니다. 윤리 자체에 대한 이해와 그것을 올바르게 구분하고 판정할 수 있는 기준이 있어야만 윤리가 존재할 수 있으니까요. 그런데 어떤 사람이 무심코 한 행동의 결과가 윤리적인 것과 일치한다고 해서, 그것을 윤리적인 행동이라고 할 수 있을까요? 물론 천성적으로 동정심이 많은 사람들도 있습니다. 그들은 허영이나 사익과 무관하게 자기 주위에 기쁨을 확대시키는 데서 만족감을 느끼거나 타인의 만족을 기뻐하기도 합니다. 이런 일이 현실에서도 종종 일어나곤 합니다. 흔히 우리가 "저 사람은 법 없이도 살 수 있는 사람"이라고 일컫는 사

람들이 여기에 해당하는 경우겠지요.

하지만 이런 우연적인 행위를 윤리적이라고 말할 수는 없어요. 그런 행위는 의무를 다한 것이고 사랑받을 만한 것이기는 하지만, 참된 윤리적 가치를 갖지 못해요. 오히려 자기만족적인 명예심 같은 경향성에 해당하는 경우가 많죠. 만약 이 행위가 다행히 공익적이고 명예로운 것에 해당한다면 칭찬과 격려를 받을 만하지만 존중받을 만한 것은 못 됩니다. 왜냐하면 도덕적 의무로부터 행하는 윤리적인 내용이 결여돼 있기 때문이죠.

어떤 행위가 도덕적으로 선한 것이기 위해서는, 그것이 결과적으로 윤리 법칙에 근접하는 정도로는 충분하지 않아요. 그 행위가 윤리 법칙 때문에 일어난 것이어야만 하지요. 즉 자신의 행위가 '윤리 법칙에 일치하는 것이기 때문에 선하다'는 점을 인식하고 실행한 행위여야 한다는 얘깁니다. 만약 그렇지 않다면, 선이나 덕은 단지 매우 우연적이고 불안정한 현상에 불과한 것이되어버리니까요. 그러므로 결과로서가 아니라 순전히 나의 의지와 연결되어 있는 것만이 윤리라고 할 수 있습니다. 나의 경향성에 봉사하는 것이 아니라 그것을 압도하는 것, 어떤 것을 선택하기 위한 계산에서 이 경향성을 전적으로 배제하는 것, 그러니까 순전히 윤리 법칙을 의식하고 행동할 때만 윤리로서 인정될 수 있는 것이지요. 그런 점에서 윤리는 순수성과 진정성에 있어서 순수 철학이 아닌 다른 어떤 곳에서도 찾을 수 없어요. 그런데 동물에게서 윤리 법칙에 대한 이해를 구하라고요? 말도 안 되는 얘기죠.

박쌤 | 칸트 선생의 답변에 대해서는, 이성에 대한 복잡하고 까다로운 규정처럼 윤리에 대해서도 매우 촘촘한 그물망을 만들어놓고 여기에 걸리는 것은 윤리와 무관한 것으로 배제하는 것 아니냐는 반론이 계속 제기될 것 같습니다. 한데 이 논의는 자칫 사변적으로 흐를 가능성이 많기 때문에 일단 내용을 확인한 정도로만 마치고, 이번에는 다른 측면에서 제기되는 반론을 살펴볼게요.

또 다른 반론으로는 윤리적인 사고나 행위와는 독립적으로 존재 그 자체에서 권리가 생기는 것이 아니냐는 주장이 있습니다. 레건(Regan)같은 학자의 '동물권리론'이 여기에 해당하는데요. 그는 우리가 도덕적으로 고려해야 할 대상은 본래적인 가치를 갖는 모든 존재라고 주장합니다. 여기서 본래적인 가치란 개체들이 가진 선함이나 다른 존재들에게 이타적인지를 떠난, 말 그대로 타고난 가치입니다. 권리란 바로 이 본래적 가치를 보호하는 것이고요. 이에 따르면 바위, 강, 나무, 빙하 등은 몰라도 최소한 한 살 이상의 정신연령을 가진 포유류는 모두 본래적 가치를 지니고 태어난 존재들입니다. 이 가치는 스스로 삶의 주체임을 경험할 수 있는 존재들이 갖는 특별한 권리이기도 하지요. 즉 동물이 스스로 윤리 법칙을 이해할 수 있는 존재가 아니라고 해서, 그들에 대한 인간의 도덕적 의무가 사라지는 것은 아니라는 겁니다. 인간은 존재 자체로 본래적인 가치를 지닌 모든 동물들을 도덕적으로 존중해야만 하는 의무를 가져야 한다는 주장입니다.

칸트 | 호오~ 그 레건이라는 사람이 동물을 참 사랑한다는 점은 알

겠는데 과연 학자로서 엄밀성을 가지고 있는지는 의문이네요. 무엇보다 먼저 그가 말하는 '본래적 가치'라는 개념 자체가 애매하기 짝이 없군요. 만약 그 사람이 주장하는 본래적 가치라는 것이 성립하려면 이 지구상에, 아니 이 우주에 존재하는 모든 것이 존중받아야 하는 게 아닐까요? 왜 한 살 이상의 정신연령을 가진 포유류만이 그러한 본래적 가치를 지녀야 하죠? 또 한 살 이상의 정신연령이라는 기준은 도대체 어디에서 나오는 것이고요? 이렇게 증명될수도 없는, 애매한 규정에 기초하여 논리를 펼치고 있는 것이 가장 큰 문제인 것 같습니다.

우리가 윤리적으로 존중해야 하는 대상이 해로운 세균이나 돌멩이를 포함하여 세상에 존재하는 모든 물질이 아닌 이상 어디까지가 적용 대상일 수 있는가를 구분해야 하잖아요. 그러니까 레건이라는 사람도 한 살 이상의 정신연령이라는 황당한 기준을 제시한 것일 테고요. 우리의 논쟁 주제가 윤리의 문제인 이상 핵심 기준은 윤리적인 사고와 선택을 할 수 있는 존재인가에 맞추어져야 해요. 즉 동물이 과연 의식적으로 도덕적인 선택을 할 수 있는 존재인가 하는 점이죠.

만약 자유로운 선택을 할 수 있는 능력이 없다면, 윤리는 성립할 수 없습니다. 어떤 사람이 오직 한 가지밖에 선택할 수 없는 상황에서 한 행위를 윤리의 기준으로 평가할 수는 없겠죠. 인간이 호흡을 하거나 물을 마시는 행위가 선택의 문제가 아닌 것처럼 말입니다. 이렇게 할 수도 있고, 저렇게 할 수도 있는 자유가 전제되어야만 윤리는 의미를 가질 수 있어요. 의식적 선택 능력과 도덕적 선택 능력은 인간에게만 존재하는 고유한 능력이라는 점에서, 윤리의 적용은 인간에게만 국한되어야 합니다. 동식물이나 바위는 도덕과 연관된 사유 능력이 없다는 점에서, 인간이 동물을 필요로 할 경우 임의로 사용할 수 있다는 근거가 마련되는 것이지요.

레건의 말대로 인간이나 동물이나 본래적인 가치를 지니고 있기 때문에 도덕적으로 동일하게 존중의 대상이 되어야 한다고 가정해 봅시다. 그럴 경우 생존을 위해서 인간과 동물 가운데 하나를 선택해야 하는 상황에서는 현실적인 행동 지침을 전혀 마련할 수가 없어요. 가령 네 명의 성인과 한 마리의 개가 구명정을 타고 있는데 안전을 위해 어느 하나가 구명정 밖으로 던져져야 한다면, 누구를 선택해야 하나요? 개에게도 제비뽑기의 기회를 주어서 동등하게 대우해야 할까요? 우리는 일반적으로 개를 선택할 것입니다. 그런데 우리의 이런 행위가 레건의 입장에서는 지극히 비윤리적인 행위가 되어 버립니다. 그렇기 때문에 그의 동물권리론은 결코 현실적인 행동 지침이 되지 못해요.

박쌤 | 이번에는 싱어 선생에게 질문을 하겠습니다. 먼저 선생이 언급한 사례와 관련해 간단하게 묻고자 합니다. 선생은 한국의 보신탕 문화에 대해 비판적으로 언급했는데, 이는 한국의 독자들에게는 매우 예민한 문제입니다. 다수의 한국인들은 보신탕 문화를 문화의 다양성 차원에서 문화상대주의의 하나로 이해하고 있습니다. 한국의 보신탕 문화에 대한 서구인들의 비판에 불쾌해하는 경향이 강하고요. 특히 아주 오랜 과거로부터 가뭄이나 홍수로 기아가 발생했을

때 인간의 생명을 유지하기 위해 개를 식용으로 사용해왔던 만큼, 오랜 문화적 전통으로 이해해야 한다고 생각해요. 또한 애완견으로 키우는 순종견과 구분되는 잡종견을 대상으로 하는 것이기 때문에 문제될 게 없다고 생각하죠.

싱어 | 글쎄요. 오랜 전통이라 해서 모두 문화라는 이름으로 정당화될 수 있는 것일까요? 우리 인간은 아무리 오랜 전통이라 하더라도 그것이 인권이나 민주주의에 어긋난다면 비판을 하고 극복하기 위해 노력하지 않나요? 문화도 마찬가지입니다. 문화로서의 지위를 지닐 수 있는 것은 그것이 문화로서의 정당성을 갖추고 있을 때로 한정해야 해요.

특히 잡종견과 순종견을 구분하는 논리는 더욱 황당합니다. 잡종견이라고 해서 순종견에 비해 고통이나 만족감을 느끼지 못하는 것도 아닌데, 잡종견이 순종견보다 낮은 대접을 받아야 할 이유가 있습니까? 잡종견과 순종견을 구분하는 태도는 인종차별주의적인 태도와 바로 연결됩니다. 생각해보세요. 어떤 사람이 피부색을 이유로 혼혈이나 유색 인종은 대접할 필요가 없고 희귀한 인종은 더욱 대접을 받아야 한다고 말한다면 분명 많은 사람들의 비난을 사지 않을까요?

박쌤 | 보신탕 문제에 대해서는 간단하게 싱어 선생의 입장을 확인하는 것으로만 하고요. 동물과 도덕의 문제에 대해 좀 더 심층적인 논의로 들어가도록 하겠습니다. 칸트 선생의 주장 중에는 싱어 선생

의 동물해방론이 인간의 지위를 낮추는 것으로 나타날 수도 있지 않느냐는 반론이 있는데요. 이에 대해서 어떻게 생각하시나요?

싱어 | 저는 칸트 선생이 균형 감각과 실천적인 감각을 가졌으면 좋겠어요. 윤리학을 무슨 이론적인 영역으로, 개념 차원으로 국한하여 이해하고 있는 것 아닌가 하는 생각이 들거든요. 실천적인 관점에서 보았을 때, 그동안 인간과 동물의 관계에서 인간의 지위가 낮아서 문제가 된 적이 한 번이라도 있었나요? 현실의 문제는 인간이 동물을 학대하고 잔인하게 학살하는 것에서 비롯되었다고 보는 것이 균형 잡힌 인식 아닌가요?

그렇기 때문에 제가 동물과 인간을 하나로 바라보는 것은 동물에 대한 인간의 폭정을 고발하는 것이기도 해요. 이에 비견될 만한 것은 수세기 동안 백인들이 흑인들에게 저지른 폭정밖에 없죠. 게다가 그간의 역사에 기초해볼 때 인간의 지위가 동물보다 낮아질 가능성은 전혀 없다고 해도 과언이 아닙니다. 진정으로 실천적인 관점에서 균형을 잡으려면 동물의 지위를 높여야만 합니다. 그런 점에서 인간이 동물에게 행하는 폭정에 반대하는 투쟁은 최근 수년 간 벌어졌던 어떠한 도덕적, 사회적 쟁점들 못지않게 중요한 투쟁이라 할 수 있어요.

칸트 | 싱어 선생의 주장을 듣다 보면 정말 이해할 수 없는 것이 있어요. 선생은 자꾸 동물에 대한 윤리를 언급하는데, 왜 동물만 윤리의 대상이 되어야 하지요? 왜 식물은 윤리의 적용 대상에서 배제되

어야 하는 것인가요? 또한 선생의 논리대로라면 육식을 하는 행위는 일반적으로 비윤리적인 행위로 규정할 수밖에 없는 것 아닌가요? 채식주의자가 되는 것이 우리의 도덕적인 의무인가요?

싱어 | 동물과 식물은 구분할 필요가 있습니다. 당연히 바위와 같은 무생물과도 구분을 해야겠죠. 동물에게 고통을 가하거나 학대하는 것이 도덕적으로 잘못된 행위인 이유는 인간과 동물 모두 고통을 느끼는 존재이기 때문입니다. 고통은 아프다고 말을 할 수 있는 존재만 느끼는 것이 아닙니다. 신경체계를 가지고 있는 모든 동물에게 해당하는 것이지요. 동물의 신경체계는 우리와 유사한 진화 과정을 거쳤습니다. 동물이 고통을 느낄 수 있는 능력을 가지게 된 것도 진화하는 데 이롭기 때문이었을 테고요. 동물은 이 능력 때문에 치명적인 상해를 피할 수 있었고, 오늘날까지 살아남을 수 있었을 겁니다. 이제 어느 누구도 동물들이 고통과 쾌락을 느끼는 존재라는 사실을 부정할 수 없겠죠.
　물론 우리가 동물들이 느끼는 고통의 상태를 정확하게 이해하기는 어려울 것입니다. 아무도 다른 존재의 의식을 직접적으로 관찰할 수는 없으니까요. 하지만 아주 불가능한 것도 아닙니다. 우리는 고통스러운 상황에 처하면 몸부림을 치거나 소리를 지르죠? 만약 동물이 어떤 상황에서 이런 행동을 한다면, 우리는 그 동물이 고통을 느끼고 있다는 것을 알 수 있습니다. 물론, 고통을 느끼는 것과 관련해 더 세부적으로 들어가면 쉽지 않은 문제들이 있기는 할 것입니다. 그러나 적어도 모든 포유류들이 고통을 느낄 수 있다는 것은 명

백해 보입니다. 물고기와 무척추동물, 더 나아가 갑각류와 곤충들이 고통을 느끼는가는 쉽지 않은 문제이긴 해요. 어떤 면에서는 이 동물들의 행동은 의식이 그다지 요구되지 않는 것 같은 방식으로 프로그램되어 있는 것처럼 보이기도 합니다. 하지만 확신할 수는 없지요. 따라서 가장 윤리적인 행동 방식은 동물들도 고통을 느낄 수 있다는 것을 염두에 두는 것입니다. 그리고 되도록이면 고통을 줄 수 있는 상황을 피하는 것이라고 생각해요.

어떤 사람은 가축이 좁은 우리 속에서 평생 갇혀 살았기 때문에 고통을 느끼지 않을 뿐 아니라 다른 방식의 삶도 모를 것이라고 주장합니다. 하지만 이것은 사실이 아니에요. 동물은 어떤 환경에서 살았는가와 무관하게 태어날 때부터 운동을 하고 싶어 합니다. 자신의 몸을 쭉 뻗어보길 바라고 몸 손질 등을 하고 싶어 하죠. 이런 실험을 한 옥스퍼드대학의 한 연구자도 있습니다. 그는 닭을 자유롭게 풀어놓고 풀이 깔린 방사장과 새장 중 어느 곳으로 가는지 관찰을 했습니다. 그러자 선택권이 주어진 닭들은 모두 방사장으로 향했다고 합니다. 대부분의 닭들이 모이도 없는 방사장을 선택한 것이죠. 이런 실험은 닭들이 새장 안에서 불편함을 느낀다는 것을 보여줍니다. '고통'을 느끼는 것이죠. 동물은 자신들의 생물학적인 본능을 충족시키지 못하는 환경에서 생활할 때 분명 고통을 느낀다는 점을 알 수 있습니다.

칸트 ┃ 과연 윤리의 기준을 고통이나 쾌락 따위에서 찾는 것이 타당할까요? 선생의 주장을 한마디로 정리하면, 인간과 동물은 모두 고통을 느끼는 존재이기 때문에 윤리적인 지위가 같다는 것이잖아요. 선생은 가치판단의 기준을 고통에 대한 자의식에서 찾고 있는 것 같아요. 이 점에서 선생은 쾌락과 고통을 인간 행위의 선악을 판단하는 가장 중요한 기준이자 윤리적, 정치적 실천의 기준이 되어야 한다는 공리주의적 입장을 견지하고 있는 것 같습니다. 여기에 가장 심각하게 문제 제기를 할 수 있는 것은, 도덕적 실천의 기준을 고통이나 쾌락에 두는 것이 과연 옳은가 하는 것입니다. 인간에게 부여하는 가치를 동물에게도 똑같이 부여하는 근거가 고통에 대한 자의식이 될 수 있는가 하는 것이지요. 고통을 줄여주는 것이 도덕적으로 옳다는 것은, 쾌락이 곧 도덕적으로 옳다는 말만큼이나 허술한 논리에 불과해요. 고통이 적고 쾌락이 크지만 비도덕적인 경우를 우리는 얼마든지 떠올릴 수 있으니까요. 그런 점에서 쾌락이나 고통을 느끼는가의 여부가 윤리의 기준일 수는 없어요.

싱어 ㅣ 아니요, 저는 고통을 최소화하는 것이 현대 시대의 윤리라고 생각해요. 윤리의 관점은 고정되어 있는 것이 아닙니다. 개념 속에서 생명을 유지하는 것은 더욱 아니고요. 오히려 윤리학이기 때문에 다른 어떤 학문보다도 더 실천적인 관점을 가져야 한다고 생각해요. 현대 사회의 핵심적인 문제를 해결하는 것이야말로 진정으로 의미있는 윤리학의 과제라고 할 수 있다는 것입니다.

그런데 현대 사회에서 나타나는 다양한 문제의 뿌리에는 차별적인 사고가 자리하고 있어요. 인종이나 문화를 차별하는 사고방식이 전쟁과 같은 죄악을 양산하고 있지요. 또한 성차별은 지난 수천 년

이상 인류의 절반을 차지하고 있는 여성을 인격체 또는 주체로 인정하지 않음으로써 수많은 고통을 재생산해왔습니다. 우리는 이런 상태를 도저히 윤리적이라고 말할 수 없습니다. 더 나아가서는 인간 내부에서의 차별만이 아니라 동물을 비롯해 자연을 차별하는 사고 때문에 환경 파괴나 생태계 파괴처럼 모든 생명체의 생존에 결정적인 위협을 가하는 상황까지 초래하고 있습니다. 윤리는 바로 이런 문제들을 해결하는 데 직접적인 기여를 해야 합니다.

이를 위해서는 모든 인간의 평등을 보장하는 평등의 근본 원칙이면서 우리와 같은 종족이 아닌 것들, 즉 동물과의 관계에도 적용되어야 할 보편타당한 도덕적 근거가 마련되어야 합니다. 저는 이를 '이익 동등 고려의 원리'라고 부르는데요. 여기에서 '이익'은 인간 개인이나 특정 집단에만 유리한 것이어서는 곤란해요. 누군가가 바라는 모든 것을 포괄적으로 이해하는 것이 필요합니다. 저는 이익 추구란, 이성적 추론을 할 수 있거나 언어 능력을 가진 존재만이 할 수 있는 것이 아니라고 생각합니다. 고통을 느낄 수 있는 생명체라면 본능적으로 바라게 되는 그 무엇을 이익 추구로 이해한다는 점에서, 기본적으로 쾌락주의적 공리주의자인 벤담의 입장을 계승하고 있는 거죠. 그러니까 그 이익에 인간과 동물의 구별이란 있을 수 없다고 생각하는 것입니다. 말하자면 괴로움이나 즐거움을 향유할 수 있는 능력은, 이익 추구의 기본 전제 조건이 되는 것이죠.

칸트 선생이 채식주의에 대해 말했는데요. 맞습니다. 동물 역시 인간처럼 쾌락과 고통을 느낄 수 있는 존재이기 때문에 그들의 이익 또한 동등한 고려의 대상이 되어야 하고, 동물의 고통을 고려하는 것이 윤리적인 태도라면 채식주의야말로 윤리적으로 올바른 태도라고 생각해요. 채식주의적인 사고방식이나 생활방식 이외에는 현실적으로 동물의 고통을 최소화할 수 있는 다른 행위 전략을 찾을 수 없기 때문이죠. 저는 이와 관련하여 안락사와 낙태 문제에 대해서도 언급한 바가 있는데요. 사람들은 낙태는 반대하면서 살아 있는 사람을 살해하는 일에는 무감각해요. 저는 불치병이나 장애가 있는 아이의 불편을 최소화하고 가족의 고통을 덜기 위해서는 안락사를 허용하는 것이 윤리적인 태도에 더 가깝다고 생각합니다.

칸트 │ 인간의 이익과 동물의 이익을 동등하게 고려해야 한다고요? 그리고 그러한 태도가 윤리적이라고요? 선생이 주장하는 실천적인 관점이라는 것이 참 편의적으로 사용되는 것 같습니다. 도덕의 기준을 어디에 둘 것인가의 문제는 선생의 입장에서만 실천적인 것이 아닙니다. 동물의 이익이라는 것이 존재한다고 칩시다. 문제는, 인간과 동물의 이익이 충돌할 때는 어떻게 할 것인가의 문제죠. 이때야말로 실천적인 행동 지침이 필요한 상황입니다.

　그래서 앞에서도 네 명의 인간과 한 마리의 개가 탄 구명정의 사례를 들었던 것인데요. 이와 유사한 상황은 현실에서도 얼마든지 존재합니다. 가령 들에 곡식을 심어 놓았는데 쥐가 줄기차게 약탈해간다면 어떻게 해야 하죠? 또 쥐 때문에 전염병이 창궐하는데도 쥐를 도덕적인 고려 대상으로 생각해서 살려둬야 하나요? 싱어 선생의 논리대로라면 그렇게 해야 하는데, 이게 과연 실천적인 윤리학의 결론입니까? 진정으로 실천적인 답은, 전염병을 퍼뜨리는 쥐를 때려

잡거나 극약으로 죽이는 것이어야 하지 않나요? 우리가 왜 이런 행동에 도덕적인 자책감을 가져야 하죠?

싱어 ㅣ 선생은 인간중심주의적인 사고방식에서 한 발짝도 벗어나려 하지 않는군요. 동물은 도둑질을 하려는 의도로 농장에 침입하는 것이 아닙니다. 그들은 농장에 들어가 농사를 망쳐놓는다는 것이 무엇인지 알지 못해요. 그저 먹을거리가 있고 그것을 먹으려고 농장에 들어가는 것뿐이죠. 전염병의 경우도 마찬가지입니다. 동물이 인간들에게 보복하려고 전염병을 퍼뜨리는 것이 아니잖아요. 그들은 단지 더러운 환경 속에서 생존을 도모하다 보니 본의 아니게 전염병을 옮긴 것입니다. 엄밀하게 객관적인 입장에서 바라볼 때, 우리 인간이 이들에 대해서 분노의 감정을 갖는다는 것은 지극히 인간중심적인 태도 아닌가요?

그렇다고 해서 무조건 방치하자는 것은 아닙니다. 동물의 이런 행위 때문에 동물의 이익을 능가할지도 모르는 고통을 인간이 겪을 수 있기 때문이죠. 하지만 문제를 해결한다는 것이 인간의 입장만 가지고 동물을 제거해버리는 식으로 가서는 곤란하다는 얘기예요. 우리는 좀 더 신중하게, 동물에게 줄 수 있는 피해를 최소화하면서도 우리의 이익은 잃지 않는 방법이 무엇인지를 찾아야 합니다. 단박에 때려잡거나 극약으로 죽이는 것 이외에 서로의 이익을 동등하게 고려할 수 있는 선택의 방법을 찾아야 해요. 저는 동물이 느끼게 될 고통을 최소화하면서 인간에게 피해를 주지 않는 방법이 있다고 생각해요. 예를 들어 약을 먹여 번식하지 못하게 하는 방법도 한 가지 해결책이 될 수 있겠죠. 이런 방법은 동물의 이익을 고려해보았을 때 덫에 걸리거나, 극약을 먹고 오랫동안 고통을 느끼면서 죽음에 이르는 경우보다 훨씬 인도적인 방법이라 할 수 있을 것입니다.

동물과 인간의 이익이 충돌하는 또 다른 경우도 있습니다. 이 가운데는 양자의 이익을 엄격하게 산출하고 비교해도 한쪽의 손을 들어주기가 어려운 경우도 있을 테고요. 하지만 그와 같은 경우는 생각보다 많지 않을 것입니다. 가령 앞서 이야기했던 사례처럼 사람과 개 가운데 택일을 해야 하는 극단적인 상황은 거의 발생하지 않죠. 하지만 칸트 선생이 굳이 이 예를 들었으니 제 생각을 밝혀야겠죠. 저는 사람을 선택하겠습니다. 왜냐하면 이 경우에는 단지 고통이라는 가치만 있는 것이 아니라, 생명이라는 가치가 함께 있기 때문입니다. 생명의 가치는 고통과는 달리 그 존재가 가지고 있는 다른 특징들의 영향을 받습니다. 만약 사고 능력이 있는 존재의 목숨을 앗아갈 경우, 그것은 그 존재의 계획이나 희망 등을 송두리째 빼앗는 격이 됩니다. 반면 미래를 계획하거나 장래를 설계할 능력을 갖추지 못한 동물이 죽임을 당할 경우, 최소한 자의식이 있는 존재와 같은 손실이 초래되지는 않죠. 그렇기 때문에 인간과 동물의 생명 가운데 하나를 선택해야 하는 상황이라면, 인간의 생명을 택해야 옳겠죠.

대부분의 경우에는 직관적으로 어느 쪽의 고통이 더 큰가를 명백하게 알 수 있습니다. 예컨대 매우 하찮은 결과를 내기 위한 실험, 인간의 혓바닥을 만족시키기 위해 이루어지는 도살, 오락적 욕구를 충족시키기 위한 사냥 등은 동물이 고통을 겪게 되는 분명한 사례입니다. 이때 동물의 고통은, 인간이 얻게 되는 이익을 훨씬 능가한다고 판단할 수 있습니다.

칸트 ㅣ 저는 인간중심주의적인 것을 부정할 생각은 조금도 없습니다. 인간을 수단이 아니라 목적으로 대해야 한다는 제 생각은 과거나 지금이나 올바르다고 생각해요. 인간은 이성을 이용해 자연의 재앙과 폭력에서 벗어날 수 있었습니다. 그런 점에서, 이성을 이용해 인간의 생명을 위협하는 각종 질병에서 벗어나기 위한 방법을 찾아내는 것은 도덕적인 행위에 속할 것입니다. 하지만 싱어 선생의 관점에서 보자면, 인간의 이성이 일구어낸 이러한 행위에 제동이 걸릴 수가 있어요. 이를테면 인간 생명을 보호하기 위해 이루어지는 동물실험은 어떻게 봐야 하죠? 동물의 고통을 이유로 질병 치료를 위한 실험도 거부해야 하나요?

싱어 ㅣ 인간중심의 종족주의가 가장 명백히 나타나는 영역이 동물을 실험에 사용하는 경우일 것입니다. 왜냐하면 동물실험을 하는 사람들이 인간에 대한 어떤 사실을 발견하기 위한 것이라고 주장하면서 이 실험을 정당화하려 하기 때문이죠. 만약 그렇다면, 동물실험을 하는 사람들은 인간과 동물이 중요한 부분에서 비슷하다는 주장에 동의해야만 할 것입니다. 예를 들어 쥐가 음식을 얻기 위해서 전기철망을 통과하거나 아니면 굶어 죽거나 둘 중 하나를 선택하도록 강요하는 실험이 있다고 해봅시다. 이 실험을 통해 인간이 스트레스에 대해 어떤 반응을 보일지 알게 되기를 기대한다면, 우리는 이 상황에 놓인 쥐가 인간과 같은 스트레스를 받고 있음을 가정해야만 하는 것이죠.

제약회사는 샴푸와 화장품을 시장에 내놓기 전에 안전성 실험을 위해 이 제품들의 농축액을 토끼의 눈에 떨어뜨립니다. 또 인공색소나 방부제 같은 식품첨가물 실험에서는 LD-50이라고 알려진 실험을 하죠. 이것은 치사량이나 흡수율을 알기 위해 고안된 실험인데, 실험동물의 50퍼센트가 죽게 됩니다. 이런 실험은 인간의 고통을 방지하기 위하여 필요한 것이 아니죠. 생산품의 안전성을 시험하는데 동물실험 외에는 대안이 없다고 하더라도, 우리는 이미 충분한 샴푸와 식용 색소를 가지고 있어요. 위험할 수도 있는 새로운 것을 개발할 필요가 전혀 없습니다. 사실, 동물을 대상으로 한 상당수의 실험은 인간의 이익과 별로 상관이 없거나 매우 불확실한 관련이 있습니다. 반면에 다른 종의 구성원들을 잃게 되는 것은 확실하고 실제적이죠. 따라서 동물실험은 종과 무관하게 모든 존재의 이익을 동등하게 고려하고 있지 않음을 보여주는 것입니다. 이런 실험은 당연히 중지되어야 합니다.

칸트 | 아뇨. 제가 말하고자 하는 것은 의학적인 목표에 해당하는 것입니다. 저 역시 인간의 탐욕을 위해서 동물을 함부로 대하는 것에는 여러 차례 분명히 반대의 뜻을 밝혔습니다. 왜냐하면 인간 스스로의 품성을 해치는 결과를 초래할 테니까 말입니다. 오히려 우리들은 진정한 인간, 도덕적인 인간이 되고자 노력할 때 탐욕적인 사고에서 벗어날 수 있습니다. 그러면 자신의 이익을 위해 다른 존재의 이익을 침해하는 이기적인 행위도 최소화할 수 있겠지요. 그렇다면 무분별

한 동물실험도 진정한 인간성과 도덕적인 태도를 가질 때 남용을 막고 의학적인 목표로만 이용할 수 있게 되는 것 아닌가요? 백번 양보해서 싱어 선생의 논리대로 하더라도, 실험동물에게 고통을 주는 대신 인간에게 이익을 줄 수 있다면 동물실험을 할 수 있는 것 아닌가요? 아니면 동물실험은 어떤 경우에도 허용될 수 없는 건가요?

싱어 | 선생의 반론은 한 마리의 동물을 희생해서 수천 명의 사람을 살릴 수 있다면 동물실험을 해야 하는 것이 아니냐는 이야기인 것 같습니다. 엄밀하게 말하자면 이는 순전히 가설적 질문입니다. 왜냐하면 대부분의 경우에 실험은 그런 극적인 결과를 가져오지 않기 때문이죠. 그러나 저는 이러한 질문의 가설적 성격이 분명하다면, 긍

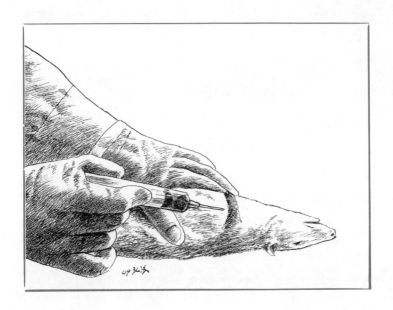

정적인 답이 주어져야 한다고 생각해요. 다시 말해서 하나 혹은 심지어 한 다스의 동물이 수천을 구하기 위해 실험의 고통을 겪어야만 한다면, 그렇게 하는 것이 옳을 뿐 아니라 이익에 대한 평등한 고려와도 일치한다고 생각합니다. 어떻든 간에 이것이 공리주의자가 제시할 수밖에 없는 대답이니까요.

박쌤 | 싱어 선생은 심각한 질병 치료를 위해서라는 제한적인 목표 안에서는 동물실험을 찬성하고 있는 것 같습니다. 그런데 이에 대한 반론도 있던데요. 레건은 실험실에서 사용된 후 아무렇지도 않게 버려지는 동물들이 사실은 우리와 똑같은 삶의 주체라고 말하면서 동물을 대상으로 하는 각종 실험을 무조건 폐기할 것을 주장합니다. 그에게 있어서 동물의 복지를 고려한다거나 실험 방법을 개선하는 것은 아무런 의미가 없습니다. 이 모든 것을 완전히 제거하는 것만이 동물의 본래적 권리를 회복할 수 있는 원천적인 방법이라고 생각하는 것이죠. 싱어 선생보다 더 근본주의적인 동물해방론을 펼치고 있다고 볼 수 있을 텐데, 이에 대해서는 어떻게 생각하나요?

싱어 | 글쎄요. 저는 인간과 동물을 무조건 동등하게 대우해야 한다고 주장하는 것은 아니에요. 그것은 기계적인 평등에 해당할 테니까요. 제가 강조하는 것은 이익을 동등하게 '고려'해야 한다는 것이지, 똑같이 '대우'해야 한다는 것은 아니거든요. 그래서 몇 마리의 동물실험으로 수천 명의 사람을 살릴 수 있는 실험이라면, 제한적으로 허용될 수 있다고 보는 것이지요. 그러면 전체적으로 볼 때 고통

은 줄어들고 쾌락은 늘어나는 것이 될 테니까요.

하지만 저 역시 제한적으로 하는 경우조차도 동물실험이 당연하다는 생각은 위험하다고 봅니다. 언제나 조심스럽게 제한적으로만 선택해야 해요. 사실 하나의 동물실험으로 수천의 사람을 구한다는 가설적 질문에 대해, 종족주의에 반대하는 사람들은 그들 나름대로의 가설적 질문으로 다음과 같이 반론할 수 있거든요.

"실험을 하는 것이 수천을 구하는 유일한 방법이라고 할 때, 실험자들은 회복 불가능하고 심각한 뇌 손상을 입은 고아를 실험 대상으로 사용하려 하는가? 만약 실험자들이 그런 고아가 아니라 동물을 사용하려고 한다면, 그들은 종족만을 이유로 동물을 차별하고 있는 것이다. 왜냐하면 유인원, 원숭이, 개, 고양이, 심지어는 쥐까지도 병실에서 겨우 목숨을 부지하고 있는 뇌 손상자들보다 더 지성적일 뿐 아니라, 자신의 상황을 인지할 수 있고 고통에 훨씬 민감하기 때문이다. 동물들에게는 없지만 뇌 손상자들은 가지고 있는 도덕적 특별함은 아무것도 없다. 그러므로 동물과 동등하거나 더 낮은 감각, 의식, 감수성을 갖는 인간을 실험 대상으로 삼을 수 없다면, 동물실험을 하는 것은 이유 없이 자기 종족을 선호한다는 편견을 드러내는 것 아닌가?"

그렇기 때문에 질병 치료를 위한 동물실험을 지극히 당연한 것으로 생각해서는 안 될 것 같아요. 저는 최소한 이러한 편견이 없어진다면, 동물실험 횟수가 엄청나게 줄어들 것이라고 기대하고 있습니다.

칸트 | 싱어 선생과 저의 가장 큰 차이는 아무래도 무엇을 윤리로 볼 것인가의 문제인 것 같네요. 선생은 철저하게 공리주의 관점에서 도덕 문제에 접근하고 있어요. 고통의 총량을 줄이고 쾌락의 총량을 늘린다는 의미에서 '최대 다수의 최대 행복'이라는 전체의 이익을 중심으로, 또 행위의 결과를 중심으로 사고하고 있고요. 저는 이런 관점이 잘못된 편향이라고 생각해요. 진정한 도덕은 행위의 결과가 아니라 동기에서 찾아야 합니다. 인간이 어떤 행동을 할 때 어떤 동기를 가지고 있는가의 여부가 도덕의 핵심인 것이죠. 어떤 행위가 어떤 이익을 산출할 것인가 하는 결과적인 접근이 아니라, 과연 그러한 행위가 올바른 것인가 하는 내적인 의식이 중요한 것입니다. 그런 점에서 저는 이러한 의식, 즉 동기를 부여할 수 있는 존재만이 도덕의 주체요 대상일 수 있다는 주장을 거듭해서 펼치는 것입니다. 선생과 저 사이에 존재하는 이 근본적인 차이가 해소되지 않는 한 어떤 공통적인 결론에 도달하기란 거의 불가능할 것 같네요.

싱어 | 저 역시 행위의 결과와 동기의 문제가 선생과의 매우 중요한 차이라고 생각해요. 하지만 도덕을 동기라는 측면으로 한정해서 바라본다면, 윤리가 현실의 문제를 직접적으로 해결하는 실천적인 성격을 지니기는 어렵다고 생각해요. 윤리가 현실의 문제를 해결하는 데 기여하기 위해서는, 결과적으로 직접 영향을 미쳐야 하니까요. 만약 동기를 중심으로 사고하면 윤리는 사변적인 논의에서 벗어나기 어렵죠. 현실과 의식이 별도의 발전 과정으로 분리되어버릴 테니까요. 그렇기 때문에 이제는 윤리학에 있어서 발상의 전환이 필요한

시점이 아닌가 생각해요. 특히 인간과 자연에 심각한 재앙을 불러일으킬 수 있는 온갖 문제들이 산적해 있는 현대 사회에서는 직접적인 결과를 중시하는 새로운 윤리학이 정립되어야 합니다.

박쌤 ∣ 아무래도 주제 자체가 동물을 윤리의 대상으로 인정해야 하는가이다 보니 윤리 개념의 차이가 자꾸 부각되는 것 같네요. 일단 현재까지의 논의에 기초해볼 때 각각의 윤리관에 한계가 나타나는 부분이 있습니다.

먼저 싱어 선생이 근거하고 있는 공리주의적 도덕관의 한계로는 고통과 쾌락이 과연 비교 가능한 것인가 하는 문제가 지적될 수 있을 것 같아요. 선생의 모든 논의는 고통의 정도를 비교하여 고통을 줄이고 쾌락을 증가시키는 방향을 도덕적인 것으로 전제하고 있거든요. 그런데 고통이나 쾌락이 계산되거나 비교될 수 있는 것이 아니잖아요. 누군가의 고통이 타인의 것보다 큰지 작은지를 어떻게 산정할 수 있겠어요? 그것이 총량 개념으로 계산될 수 있는가의 문제는 더 그렇고요. 하물며 인간이라는 종 내부에서의 차이만이 아니라 우리가 그 정도를 가늠하기 더욱 어려운 동물과의 사이에서 고통과 쾌락의 차이를 계산한다는 것은 어렵지 않겠어요?

한편 칸트 선생이 근거하고 있는 의무론적 윤리관은 철저하게 인간의 내적인 동기를 중심으로 하고 있는데, 이 역시 난감한 문제가 있기는 마찬가지예요. 동기는 내적인 것이기에 확인할 수 있는 길이 없기 때문이죠. 어떤 사람이 어떤 행위 동기를 가지고 있는지는 그 사람 말고는 사실 아무도 알 수 없는 거잖아요. 그렇다면 도덕은 자신을 제외한 타인의 행위에 대해서는 관여할 수 없는 것이 아닌가 하는 의문이 남게 됩니다.

그런데 도덕이란 원래 인간과 인간의 관계 속에서 발생하는 것이 잖아요. 만약 순수한 의미에서 개인이라고 말할 수 있는, 가령 산속에서 완전하게 혼자서 살아가는 어떤 사람이 있다면 그에게 도덕은 필요하지 않겠죠. 하지만 이런 식의 논의를 계속 전개하는 것은 오늘의 주제를 흐릴 것 같아요. 오늘 논쟁은 윤리관과 상당한 관련이 있기는 하지만 도덕 논쟁 자체는 아니니까요. 아쉽지만 두 견해의 뿌리에 있는 윤리관이 어디에서 차이가 나타나는가를 최종적으로 확인하는 것에 만족할 수밖에 없을 것 같네요.

그러면 인간과 동물의 관계를 중심으로 좀 더 확인해야 할 부분을 짚어가가면서 논의를 마무리할까 합니다. 오늘 논쟁을 주의 깊게 지켜보고 있는 독자들로서는 싱어 선생의 주장에 대해 다양한 의문이 생길 것 같습니다. 이번에는 독자들이 가질 수 있는 의문점을 몇 가지로 나누어서 제가 대신 질문하는 방식으로 진행하도록 하겠습니다.

먼저 동물을 인간과 동등하게 고려해야 한다는 결론은 필연적으로 육식을 어떻게 받아들여야 하는가의 문제로 연결이 되는데요. 싱어 선생의 주장대로 인간은 채식만 해야 하나요? 채식만 하면 건강상에 문제가 생기지는 않을까요?

싱어 | 오히려 건강에 도움이 된다고 봐야 해요. 채식은 건강에 좋기 때문에 저는 모든 사람들이 채식주의자가 되었으면 하는 바람입니

다. 식물에는 고기에 있는 모든 영양소가 함유되어 있다는 것, 그리고 채식이 몸에 좋다는 것은 웬만한 건강상의 지표만 보더라도 알 만한 사실입니다. 한 연구 결과에서는 35세에서 64세 사이 채식주의자의 심장마비 사망률이 미국에서 육식을 하는 동일한 연령 집단의 28퍼센트에 불과하다는 사실을 보여줍니다. 또 유방암, 대장암이 육식과 상관관계에 있다는 연구가 발표된 바 있고요. 결론적으로 채식을 하는 것 때문에 잃는 것은 아무것도 없습니다. 안심하고 채식을 생활화하면 됩니다.

그런데 채식의 중요성은 여기에 그치는 것이 아닙니다. 육식은 특히 기아 문제와 아주 밀접한 관련이 있어요. 먼저 기아의 문제를 볼까요? 언뜻 생각해보았을 때, 공장식 농장에서 대량으로 사육되는 가축들은 우리의 식량 문제 해결에 기여하는 것처럼 보입니다. 하지만 이는 사실과 전혀 달라요. 우리에게 필수 영양소인 단백질을 예로 들어볼게요. 분석 자료에 따르면, 송아지는 약 1단위의 동물 단백질을 생산하기 위해 무려 21단위의 단백질을 섭취해야 합니다. 이런 결과가 나타나는 이유는 송아지가 고기로 팔리게 되기까지 먹어야 하는 식사량(곡물사료 등)을 감안한 것이기도 하고, 송아지가 먹은 것이 모두 단백질로 전환되는 것도 아니기 때문이죠. 이것은 다른 영양소에 있어서도 마찬가지입니다. 정도의 차이는 있겠지만, 곡물을 직접 섭취하지 않고 고기로 전환시켜 섭취하는 과정은 대단한 낭비인 것이죠. 만약 우리가 고기를 먹기 위해 가축에게 주는 곡물을 전 세계적인 기아 문제에 직접 활용한다면 이런 문제를 해결할 수 있을 것입니다. 예를 들어 미국인들이 1년에 10퍼센트만 고기 소비를 줄여도, 6000만의 인구가 기아에서 벗어날 수 있다고 합니다. 단순히 미국의 가축 수를 절반으로 줄이기만 해도 저개발국의 부족한 칼로리를 4번 메우고도 남을 정도가 된다고 하고요.

뿐만 아니라 육식은 환경 문제와도 직결됩니다. 가축을 수용하기 위해서는 땅이 필요합니다. 그리고 그곳에 수용된 가축들은 오물을 배출하죠. 이것은 산림 파괴, 수질과 토양 오염 등의 환경 문제를 초래합니다. 특히 지구의 심장이라 할 수 있는 열대우림 지대는 하루가 다르게 파괴되고 있는데, 파괴의 원인 중 하나가 소의 목초지를 확보하기 위해 나무를 베기 때문이라고 합니다. 여기서 더욱 문제가 되는 것은, 목초지에서 생산되는 고기가 그 나라 국민들이 아니라 서구인들을 포함하는 선진국 사람들을 위해 쓰인다는 것입니다. 이렇게 보면 열대우림 훼손에 대한 책임은 선진국 사람들의 육식과 무관하다고 할 수 없죠.

박쌤 | 채식과 관련해, 동물은 서로 잡아먹는데 우리는 왜 동물을 잡아먹어서는 안 되느냐고 의문을 제기하는 사람이 있을 텐데요. 동물도 생존을 위해서 육식을 하잖아요. 먹이사슬이라는 게 이를 보여주는 것이고요. 오히려 인간의 육식은 먹이사슬이라는 자연의 원리에 합당한 행위 아닌가, 이를 도덕의 문제로까지 연결시키는 것은 지나친 논리적 비약이 아닌가 하는 의문이 들 수 있습니다.

싱어 | 동물의 육식과 인간의 육식은 성격이 다르다고 봐야 합니다. 육식동물이 다른 동물을 잡아먹는 것은 불가피한 선택입니다. 우선

그들에게는 반성할 능력이 없어요. 자신에게 주어진 본능에 따라 동물을 잡아먹을 따름이죠. 또한 설령 반성 능력을 갖추었다고 하더라도 그들에게 다른 선택이 있을 수 없고요. 그들은 생물학적인 특성상 채식을 할 수 없습니다. 만약 육식동물이 채식을 한다면 결국 굶어 죽을 수밖에 없겠죠. 저는 동물을 따라 육식을 하겠다고 말하는 사람들의 진정성에도 의문이 듭니다. 그러한 사람들은 대체로 평상시에는 인간의 존엄성을 외치며 동물의 야만성을 조롱하다가, 막상 고기가 먹고 싶으니까 동물을 본받고자 하는 이율배반적인 모습을 보이는 경우가 대부분이거든요.

박쌤 | 싱어 선생의 주장에 논리적인 허점이 있다는 반론도 있습니다. 선생은 오직 쾌락과 고통을 느낄 수 있는 존재만이 도덕적 고려의 대상이 된다고 주장합니다. 또한 고통을 느끼는 존재에 대해서 모두 동등한 고려를 해야 한다고 주장하고요. 그런데 식물은 왜 이 대상에서 배제하는 건가요? 식물은 고통을 느끼지 않나요? 식물은 돌이나 의자와는 달리 살아 있는 생명체라는 점에서 쾌락이나 고통을 느낄 수도 있지 않나요? 만약 식물이 고통을 느낀다면, 선생과 같은 입장을 가진 사람들에게는 식물을 먹는 것도 고통을 산출하는 그릇된 행위가 됩니다. 그러면 자칫 식물도 먹어서는 안 되기 때문에 결국 굶어 죽는 길을 선택할 수밖에 없다는 극단적인 결론이 도출될 수도 있고요.

싱어 | 동물이 고통을 느낀다고 믿을 수 있게 하는 어떤 근거도 식물

에는 적용되지 않습니다. 그러니까 우리는 식물이 고통을 호소하는 행위를 발견할 수 없는 것이죠. 식물은 우리처럼 중앙 집중적으로 조직된 신경체계를 갖추고 있지 않습니다. 또 지금까지의 어떤 과학 실험도 식물이 고통을 느낀다는 것을 결정적으로 입증하지 못했습니다.

박쌤 | 우리는 동물이 어떤 고통을 느끼는지에 대해 과학적으로 정확히 알고 있는 게 아닙니다. 싱어 선생도 인간이 느끼는 고통으로 미루어 짐작해 동물의 고통을 이해하고 있잖아요? 마찬가지로 식물이 어떤 종류의 고통을 느끼는지의 여부를 인간이 과연 확정적으로 판단할 수 있을까요? 자주 언급되는 사례 가운데 시끄러운 소음 속에서 자라난 식물과 아름다운 음악을 들으며 자란 식물은 발육 정도에 큰 차이가 있다는 연구 결과가 있죠. 만약 미래에 식물이 고통을 느낀다는 결정적인 증거가 과학적으로 확보될 경우에는 어떻게 하죠? 이때 우리는 굶어 죽어야 하나요?

싱어 | 설령 미래에 식물이 고통을 느낄 수 있다고 밝혀진다고 해도, 식물이 동물에 비해 고통을 훨씬 미미하게 느낄 것이라는 점은 상식적으로 예상할 수 있습니다. 그러니까 우리가 굶어 죽어야 한다는 극단적인 선택을 할 필요는 전혀 없겠죠. 제 주장은 고통을 아예 없애자는 것이 아니니까요. 만약 고통이 불가피하다면, 우리는 가급적 적은 고통을 산출하며 생존을 도모해야 할 것입니다. 이 경우 동물보다는 식물을 선택해야 하겠죠. 왜냐하면 식물보다는 동물이 죽는

것이 더 큰 고통을 산출할 것이기 때문입니다.

박쌤 | 워낙 첨예한 쟁점이 형성되는 논의이다 보니 긴장된 분위기 속에서 긴 시간을 달려온 느낌입니다. 또한 칸트 선생과 싱어 선생은 활동했던 시기가 몇백 년이나 차이가 나는 분들이기 때문에 직접적인 논쟁점을 형성해가며 진행하는 데 진땀을 흘려야 했고요. 아무래도 싱어 선생에게는 지난 몇백 년 동안의 과학적인 성과와 논의 결과를 포함해서 접근할 수 있다는 유리한 점이 있습니다. 그만큼 칸트 선생이 어려운 조건 속에서도 차분한 논쟁을 펼쳐준 점 고맙게 생각하고 있습니다. 어쨌든 오늘의 논쟁 주제는 현대 사회에서 손가락을 꼽을 정도로 핵심적인 것이어서 그 의미는 매우 크다고 할 수 있을 것 같아요. 한국의 독자들을 대신해서 다시 한 번 감사 인사를 드립니다. 끝으로 두 분 선생의 마무리 말씀을 듣는 것으로 오늘 논쟁을 마치도록 하겠습니다.

싱어 | 저에게 한국의 독자들은 친숙한 편입니다. 한국을 방문해서 강연도 하고 몇 차례 인터뷰도 했으니까요. 하지만 이런 방식은 제 문제의식을 충분히 전달하는 데 한계가 있었지요. 그런데 오늘 칸트 선생과 함께 다양한 쟁점에 대한 논의를 통해 다시 한 번 만나는 기회를 갖게 되어서 무척 기쁜 마음이었습니다. 한참 후배 철학자에 해당하는 저와 진지한 논쟁을 펼쳐준 칸트 선생께도 감사드립니다.
　　저는 동물해방 논의가 현실에서 이미 실천적인 진전을 가져오고 있다고 생각합니다. 유럽연합에서는 가장 나쁜 형태의 가축 사육 공장을 금지하는 법률들을 통과시켰어요. 과거에는 송아지나 돼지를 움직이기도 힘든 좁은 우리 속에, 암탉들은 알을 낳을 통도 없거나 본능적인 행동을 할 수 있는 공간조차 없는 아주 작은 철망 속에 가두어 기르곤 했거든요. 유럽연합에서 취해진 이런 개혁들은 수많은 동물들에게 영향을 미치고 대규모 산업들을 변화시킬 것이라고 생각합니다. 미국이나 캐나다도 이제 유럽의 예를 따르기 시작하고 있고요. 물론 전체적으로는 아직 미미하지만, 저는 중요한 변화라고 봅니다. 이러한 변화들은 일부분 동물 복지에 대한 배려에서 비롯된 것이라고 생각해요.

철학이 관념의 영역에서뿐만 아니라 일상생활의 영역에서도 중요한 변화를 촉발했다는 것은 사회에서 진정으로 비판적인 역할, 실천적인 역할을 한 것이라고 볼 수 있습니다. 철학과 현실의 변화가 더욱 전면적으로 나타나도록 하는 데 앞으로도 작은 힘이나마 보태고 싶은 바람입니다.

칸트 │ 저에게도 흥미로운 논쟁이었습니다. 한국의 독자와 직접 만날 수 있는 기회가 있어서 좋았고요. 싱어 선생처럼 현실의 문제에 대해 치열한 고민을 하고 있는 후배 철학자들이 있다는 사실이 저를 기쁘게 하네요.

종종 많은 사람들이 오해하는 것처럼 제가 사변적인 철학만을 일삼고 있었던 것은 아니랍니다. 제가 살던 당시의 유럽은 국가 간의 전쟁으로 하루도 편할 날이 없었죠. 가공할 정도로 많은 인적, 물적 파괴가 이어지고 있었습니다. 저는 《영원한 평화를 위하여》라는 글을 통해 어떻게 하면 인류에게서 전쟁이라는 비극을 사라지게 할 수 있을까를 고민했죠. 철학은 원래 기본적으로 현실의 문제와 떼려야 뗄 수 없는 긴밀한 관계를 갖고 있어요. 인간의 인식이라는 것도 현실에 대한 경험과 무관할 수 없고요. 그렇기 때문에 싱어 선생이 고민하는 실천적인 윤리학의 정립은 저의 과제이기도 했습니다.

하지만 우리는 서로 방향이나 결론이 상당히 다른 것 같아요. 특히 윤리의 문제는, 인간 의식의 문제이고 내면의 문제라는 점을 잊어서는 안 됩니다. 현실의 문제가 긴급하고 심각할수록 윤리는 인간 내면에 도사리고 있는 악의 근거를 밝히고 윤리 법칙을 이끌어내는 데 초점을 맞추어야 해요. 오늘 논쟁이 이러한 점을 일깨우는 데 조금이라도 도움이 되었으면 하는 바람입니다.

칸트와 피터 싱어

임마누엘 칸트(Immanuel Kant, 1724~1804)

독일의 철학자로 비판철학을 수립하고 합리주의와 경험주의의 총합을 시도한 것으로 유명하다. 칸트에 대한 여러 이견에도 근대 유럽 계몽주의 시대를 대표하는 철학자라는 점에 대해서는 거의 부정할 수 없을 정도로 독보적인 위치를 차지하고 있다.

칸트

자신의 모든 철학적 논의가 '인간이란 무엇인가?' 라는 물음에 대한 답으로 집약될 수 있다는 칸트의 말대로 그의 궁극적인 관심사는 '인간' 이었다. 하지만 그가 관심을 둔 것은 마치 시계의 태엽처럼 기계론적 원리에 따라 움직이는 인간이 아니라, 감각적 욕망에서 벗어나 윤리 법칙을 따를 줄 아는 자유로운 존재로서의 인간이었다. "인간의 존엄성은 도덕성에 있다."는 칸트의 주장은 이처럼 감각적 욕망을 초월할 수 있는 인간의 능력에 대한 찬사라고 할 수 있다.

칸트는 자신의 철학적 주제를 '나는 무엇을 인식할 수 있는가', '나는 무엇을 행해야만 하는가', '나는 어떤 것을 희망해도 좋은가'의 세 가지로 규정한다. 이러한 철학적 주제의 밑바탕에는 '인간이란 이성적인 존재'라는 대전제가 깔려 있다. 그러나 칸트가 사변적인 영역에만 머물렀던 것은 아니다. 그가 제시한 철학의 주제에서도 드러나지만, 나름대로 행동의 문제에 대해 철학적 기초를 제시하고자 노력하였다. 칸트는 그 이전의 모든 것에 대해 비판적인 검토를 통해 새로운 철학적 기준을 마련하고자 했다는 점에서 계몽주의의 적자라고 할 만하다.

또 칸트는 보편적인 인간 이성의 해방을 추구했다. 이성의 힘으로 인간의 많은 문제를 해결하는 것이 가능하다고 믿었다. 사물에 대한 올바른 인식, 즉 인식론 영역만이 아니라 세계와 사회를 이성으로 변화시키는 문제도 그의 작업 중에 하나였다. 자연법론을 철학적으로 심화하고자 하는 시도, 나아가 《영원한 평화를 위하여》를 통해 세계의 평화를 추구한 것도 그러한 모색의 일환이었다.

주요 저서로는 《일반 자연사와 천체론》, 《순수이성비판》, 《미래의 형이상학을 위한 서설》, 《윤리형이상학 정초》, 《실천이성비판》, 《판단력비판》, 《영원한 평화를 위하여》, 《윤리형이상학》 등이 있다.

인간의 도덕성이란 무엇이고 그것을 가능케 하는 조건은 무엇인지를 해명한 근대 윤리학의 고전이다. 이 책을 이해하기 위해서는 먼저 칸트가 직면하고 있던 상황을 언급해야 한다. 18세기는 고전역학의 비약적인 발전으로 세계가 철저한 인과 법칙의 질서에 따라 작동한다고 믿었던 시대이다. 이런 믿음에 있어서는 인간도 예외가 아니었다. 그러나 만약 인간이 시계의 태엽처럼 기계론적 원리에 따라 움직이는 존재에 불과하다면, 인간의 도덕성의 근거는 어디서 찾을 수 있는가 하는 문제가 생기게 된다. 왜냐하면 맹목적인 본능의 법칙에 따라 지배되는 '동물의 왕국'에 윤리가 없듯이, 감각적 욕구와 경향성에 의해 지배되는 인간에게 도덕성이 들어설 여지는 없는 것처럼 보이기 때문이다. 이런 상황에 직면한 칸트는 도덕성의 근거를 바로 인간의 이성과 의지에서 찾는다. 이런 그의 윤리적 문제의식이 체계적으로 표명된 최초의 책이 바로 《윤리형이상학 정초》이다.

머리말에서는 누구나 타당하다고 여길 수밖에 없는 윤리 법칙을 다루는 학문, 즉 윤리형이상학이 왜 필요한지를 논하고 있다. 특히 칸트는 도덕적 책무의 근거를 구체적 상황이나 인간의 자연 본성 같은 경험적 요소에서 찾아선 안 되고, 경험에 의존하지 않으면서도 이성 안에 자리 잡고 있는 실천 원칙, 즉 윤리 법칙에서 찾아야 한다고 주장한다.

1절에서는 우리가 흔히 접할 수 있는 '의무' 개념을 분석함으로써 윤리 법칙에 대한 본격적인 논의를 준비한다. 이는 자신의 윤리적 주장을 대중들이 좀 더 쉽게 접할 수 있게 하기 위한 칸트의 배려라고 볼 수 있다. 이를 통해 칸트는 어떤 행위를 '윤리적'이라고 부르기 위해서는 행위의 결과나 목적이 아니라 행위의 동기가 중요하다는 점을 지적하고 있다.

2절에서 칸트는 의지와 윤리 법칙 간의 연관성을 통해 윤리 법칙이 무엇인지 보다 구체적으로 논의한다. 칸트에 따르면 의지를 원칙에 따라 행위를 하는 능력으로 정의한다. 칸트는 이성에 의해 누구나 어떤 조건에서든 타당한 것으로 여기는 실천 원칙만이 윤리 법칙일 수 있으며, 이는 명령의 내용이 그 자체로 선하기 때문에 무조건 따를 것을 명하는 정언 명령의 형식으로 우리에게 제시된다.

3절에서는 윤리 법칙에 따르는 행위를 실제로 가능케 하는 조건이 무엇인지 탐구한다. 칸트에 따르면, 그 조건은 바로 '자유'이다. 인간의 자유를 경험적으로나 논리적으로 입증할 수는 없지만, 그것을 요청할 수밖에 없다고 주장한다.

피터 싱어(Peter Singer, 1946~)

실천윤리학의 세계적인 거장이라 불리는 피터 싱어는 호주 멜버른대학을 거쳐 영국 옥스퍼드대학에서 박사 과정을 수료했다. 1999년부터 미국 프린스턴대학의 생명 · 윤리 교수로서 활동하고 있다. 그는 실천윤리학이라는 분야를 새롭게 정립했다는 학문적 평가를 받고 있다. 전통적으로 윤리학은 도덕에 대한 딱딱한 이론적 탐구였는데, 싱어는 현대인의 삶과 직결되는 의료, 경제 문제 등에 대한 생생

피터 싱어

한 분석과 파격적인 대안을 제시하는 매력적인 학문으로서 실천윤리학을 제시한다.

싱어의 명성은 그의 높은 대중적 인지도에 기인한다. 활발한 저술과 강연 활동을 통해서 자신의 윤리적 견해를 거침없이 피력해온 싱어는 현재 활동하고 있는 철학자들 가운데 일반인에게 가장 널리 알려진 사람이기도 하다. 싱어가 1975년에 출판한 《동물해방》은 9개 언어로 번역되어 무려 40만 권이 넘게 팔렸다. '동물권리수호운동의 바이블'이라고 일컬어지는 이 책은 싱어를 유명하게 만들었을 뿐만 아니라 실천윤리학을 일반 독자에게 친숙하게 만든 성공작이었다.

그러나 싱어의 명성만큼이나 그에 대한 비판도 세계적이다. 철학자들은 그가 너무 피상적이라고 비판하고, 일부 청중들은 낙태, 장애 유아와 불치환자의 안락사를 적극적으로 지지하는 싱어를 인종청소를 시도했던 히틀러에 빗대어 야유한다. 특히 독일에서는 1992년 지식인 100여 명이 싱어에 반대하는 성명을 발표한 이후로 그의 강연이 공식적으로 금지되었다. 싱어는 프린스턴대학으로 옮길 때에도 또 한 차례 거센 반대 여론에 직면해야 했다.

그럼에도 싱어는 앞으로 더욱 왕성한 활동을 펼치리라 기대되고 있다. 미국으로 자리를 옮기자마자 예일대학의 유명한 강좌의 연사로 초청되는 등 분주한 일정을 보내고 있는 중이다. 특히 프린스턴대학의 생명·의료윤리의 석좌교수로 임명된 이후로 싱어는 인간복제, 안락사, 유전자 조작 등의 문제에 더 많은 관심을 쏟고 있다. 프린스턴대학 교수라는 위치 때문에 앞으로 미국 정부의 생명윤리에 관한 정책 수립에도 더 많은 영향력을 발휘할 것으로 보인다.

싱어는 그를 좋아하든 싫어하든 일반인들이 가장 주목하는 현대 철학자 가운데 한 사람임에 틀림없다.

주요 저서로는 《민주주의와 불복종》, 《실천윤리학》, 《동물해방》, 《이렇게 살아가도 괜찮은가》, 《사회생물학과 윤리》 등이 있다.

《실천윤리학》

피터 싱어의 대표적인 저서 가운데 하나인 《실천윤리학》은 말 그대로 실천윤리에 관한 책이다. 도덕규범의 개념적인 접근을 시도하는 윤리학이 이론윤리학이라면, 실천윤리학은 구체적인 실천 문제의 근거를 밝히는 학문으로 볼 수 있다. 그래서 응용윤리학이라고도 불린다.

이 책은 가난한 사람들에 대한 우리의 책임은 무엇인지, 동물을 살코기 생산 기계 정도로 생각하는 것이 과연 옳은 것인지, 사용한 종이를 재활용하지 않아도 상관없는지와 같은 일상적인 실천윤리를 독자들과 함께 고민하고자 한다. 또 소수민족, 남녀평등, 동물학대, 환경보존, 낙태, 안락사, 빈민구제 등 지구상에 존재하는 여러 가지의 문제에 이론윤리학에서 얻은 도덕의 개념을 적용해보면서 아주 구체적인 영역으로 윤리학을 이끌고 있다.

《실천 윤리학》은 모두 12장으로 이루어져 있다. 1장에서는 앞서 언급한 실천적인 문제들에 윤리 또는 도덕의 적용을 언급하면서 그 책임 소재를 다룬다는 것을 밝힌다.

2장에서는 윤리 개념의 정립을 바탕으로 이익 동등 고려의 원칙을 추출하고, 이 원칙을 이용하여 인간 평등에 관한 문제를 해명한다. 3장에서는 이 원칙을 동물에게도 적용하면서 확장된 평등의 원칙을 제시한다.

4장에서 7장까지는 주로 살생 문제를 다루고 있다. 4장에서는 의식이 있는 존재를 죽이는 것에 초점을 맞추어 문제점을 제기한다. 5장에서는 동물도 인격체일 수 있는지를 묻고 동물을 죽이는 것에 대한 자신의 생각을 말한다. 6장에서는 보수주의 견해와 자유주의 견해를 소개하는 한편 낙태, 태아의 가치, 실험실 안에서 수정란의 위상 등을 다룬다. 7장에서는 여러 가지 유형의 안락사를 소개하면서 이 문제를 집중적으로 다룬다.

8장의 주제는 빈부격차 문제다. 빈곤과 부에 관한 몇 가지 사실들을 제시하는데 특히 절대 빈곤의 방치에 따른 도덕성 문제를 제기한다. 9장에서는 지구 이곳저곳에서 생존을 위해 이동하는 피난민들에게 우리가 될 수 있는 대로 빨리 취해야 하는 지속 가능한 해결책이 무엇이 있는지를 다루고 있고, 10장에서는 환경 문제를 집중적으로 조명한다. 자연을 대하는 서구의 잘못된 전통을 지적하면서 미래의 세대들을 위한 지금 우리들의 의무, 생명을 존중하는 것, 나아가 의식적인 존재가 아닌 사물의 가치에 관해서도 논한다.

11장과 12장에서는 도덕 일반에 관한 문제를 포괄적으로 다룬다. 11장에서는 목적과 수단 가운데 어느 것에 보다 비중을 두어야 할지를, 12장에서는 구체적인 사례들을 제시하면서 보다 근본적인 도덕적 물음을 제기하고 있다.

|윤리형이상학 정초

머리말 | 윤리형이상학은 불가결

하게 필요하다. 선험적으로 우리 이성 안에 놓여 있는 실천적 원칙들
의 원천들을 탐구하기 위한 사변적 동인에서도 그러하지만, 윤리들
자신, 그것들을 올바르게 판정할 실마리와 최상의 규범이 없는 한, 갖
가지 부패에 굴복하기 때문에도 그러하다. 무릇 어떤 것이 도덕적으
로 선한 것이라면, 그것이 윤리 법칙에 알맞는 것으로는 충분하지 않
고, 그것은 또한 윤리 법칙을 위하여 일어난 것이어야만 한다. 그렇지
않을 경우 저 알맞음은 단지 매우 우연적이고 불안정한 것이기 때문
이다. 왜냐하면 비윤리적 근거는 때때로는 합법칙적인 행위들을 불
러일으키지만, 더 자주는 법칙을 위배하는 행위들을 불러일으킬 것
이기 때문이다. 그러나 무릇 윤리적 법칙은 그것의 순수성과 진정
성—실천적인 것에서는 바로 이것이 가장 중요하거니와—에 있어
순수 철학이 아닌 어떤 다른 곳에서 찾을 수가 없다. 그러므로 이 순수
철학(형이상학)이 선행해야만 한다. (…중략…)

할 수 있는

한, 선행을 하는 일은 의무이다. 그밖에도 천성적으로 동정심이 많은

사람들도 많아서 그들은 허영이나 사익(私益)과 같은 어떤 다른 동인

없이도 자기 주위에 기쁨을 확대시키는 데서 내적 만족을 발견하고,

그것이 자신의 작품인 한에서 타인의 만족을 기뻐할 수 있다. 그러나

나는 주장하거니와 그러한 경우에 그 같은 행위는 매우 의무에 맞고,

매우 사랑받을 만한 것이기는 하지만, 그럼에도 아무런 참된 윤리적

가치를 갖지 못하며, 오히려 다른 경향성들, 예컨대 명예에 대한 경향

성과 같은 종류이다. 명예에 대한 경향성은, 만약 그것이 다행히도 실

제로는 공익적이며 의무에 맞고, 그러니까 명예로운 것에 해당한다

면, 칭찬과 격려를 받을 만하지만 존중받을 만한 것은 못 된다. 왜냐

하면 그 준칙에는, 곧 그러한 행위들을 경향성에서가 아니라 의무로

부터 행하는 윤리적 내용이 결여돼 있기 때문이다.

(…중략…)

의무는 법칙에 대한 존경으로부터 말미암은 행위의 필연성이다.

내가 뜻하는 행위의 결과로서의 객관에 대해 나는 물론 경향성을 가

질 수는 있지만, 결코 존경을 가질 수는 없다. 왜냐하면 바로 그 결

과는 한낱 하나의 의지의 결과이지 활동이 아니기 때문이다. 마찬가

지로 나는 경향성 일반에 대해서도, 그것이 나의 것이 됐든 다른 누

구의 것이 됐든 존경을 가질 수는 없다. 나는 기껏해야 나의 경향성

에 대해서는 시인을 할 수 있을 뿐이고, 다른 이의 경향성에 대해서

는 때때로 좋아할 수 있을 뿐이다. 다시 말해 그것을 나 자신의 이익

에 유리한 것으로 볼 수 있을 뿐이다. 오직, 결과로서가 아니라 순전

히 근거로서 나의 의지와 연결되어 있는 것만이 나의 경향성에 봉사하는 것이 아니라 그것을 압도하는 것, 선택할 때에 계산에서 이 경향성을 전적으로 배제하는 것, 그러니까 순전히 법칙 그 자체만이 존경의 대상일 수 있고 그와 함께 명령일 수 있다.

(…중략…)

대중적 윤리 세계지혜에서 윤리형이상학으로 이행 | 자연의 사물은 모두 법칙들에 따라 작용한다. 오로지 이성적 존재자만이 법칙의 표상에 따라, 다시 말해 원리들에 따라 행위하는 능력, 내지는 의지를 갖고 있다. 법칙들로부터 행위들을 이끌어내는 데는 이성이 요구되므로, 의지는 실천이성 외에 다른 아무것도 아니다.

(…중략…)

모든 실천 법칙은 가능한 행위를 선한 것으로, 그렇기에 이성에 의해 실천적으로 규정될 수 있는 주관에 대해서는 필연적인 것으로 표상하기 때문에 모든 명령들은, 어떤 방식에서든 선한, 의지의 원리에 따라 필연적인, 행위를 규정하는 공식들이다. 그런데 행위가 한낱 무언가 다른 것을 위해, 즉 수단으로서 선하다면 그 명령은 가언적인 것이다. 행위가 자체로서 선한 것으로 표상되면, 그러니까 자체로서 이성에 알맞은 의지에서 필연적인 것으로, 즉 의지의 원리로 표상되면 그 명령은 정언적인 것이다.

그러므로 명령은 나를 통해 가능한 어떤 행위가 선할 것인가를 말해주며, 실천 규칙을 의지와의 관계에서 표상하는바 의지는 한 행위가 선하다는 바로 그 이유 때문에 행위하지는 않는다. 왜냐하면 한편으로는 주관이 언제나 그 행위가 선하다는 것을 아는 것은 아니기 때문이고, 또 한편으로는 주관이 이것을 안다 할지라도 주관의 준칙이 실천이성의 객관적 원리들에 반할 수도 있기 때문이다.

(…중략…)

그래서 행위의 원리들은, 이 행위가 이 행위에 의해 실현되는 어떤 가능한 의도에 도달하기 위해, 필연적인 것으로 표상되는 한, 사실 무한히 많다. 모든 학문은 어떤 실천적인 부문을 가지고 있는바 이 부문은 어떤 목적이 우리에게 가능하다는 과제들과 그 목적이 어떻게 달성될 수 있는가의 명령들로 이루어져 있다. 그래서 이 명령들은 일반적으로 숙련의 명령이라고 일컬어진다. 여기서는 과연 목적이 합리적이며 선한 것이냐는 전혀 문제가 아니고, 오로지 그 목적에 이르기 위해 사람들은 무엇을 해야만 하는가만이 문제이다. 자기 환자를 근본적으로 건강하게 하기 위한 의사의 처방과 대상자를 확실하게 살해하기 위한 독살자의 처방은, 각기 자기의 의도를 완전하게 실현하는 데 쓰이는 그런 한에서는 똑같은 가치를 갖는다.

(…중략…)

그럼에도 불구하고 모든 이성적 존재자에게서 현실적인 것으로 전제될 수 있는 하나의 목적, 그러므로 그들이 한낱 가질 수 있을 뿐만 아니라 그들 모두가 자연필연성에 따라 가지고 있다고 사람들이 확실하게 전제할 수 있는 하나의 의도가 있다. 그것은 행복하고자 하는 의도이다. 행복을 촉진하기 위한 수단으로 행위의 실천적 필연성을 표상하는 가언명령은 확정적이다. 사람들은 이 가언적 명령을 단지 어떤 불확실한, 한낱 가능한 의도에 대해서만 필연적인 것으로 진술해서는 안 되고, 사람들이 확실하게 선험적으로 모든 인간에게서 전제할 수 있는 의도에 대해서 필연적인 것으로 진술해야 한다. 왜냐하면 이 의도는 인간의 본질(자연본성)에 속하기 때문이다. 이제 사람들은 자기 자신의 최대의 안녕을 위한 수단 선택에서 숙련을 좁은 의미에서 영리라고 부를 수 있다. 그러므로 자신의 행복을 위한 수단의 선택에 관련하는 명령, 다시 말해 '영리하라'는 훈계 또한 언제나 가언적이다. 그 행위는 단적으로가 아니라 오로지 다른 어떤 의도를 위한 수단으로만 지시명령되는 것이다.

마지막으로, 어떤 처신에 의해 도달해야 할 여느 다른 의도를 조건으로 근저에 두지 않고 이 처신을 직접적으로 지시명령하는 명령이 있다. 이 명령은 정언적이다. (…중략…) 행위의 본질적으로-선함은, 그 행위로부터 나오는 결과가 무엇이든 마음씨에 있다. 이 명령은 윤리성의 명령이라고 일컬을 수 있을 것이다.

(…중략…)

그러므로 정언 명령은 오로지 유일한, 즉 그것은 '그 준칙이 보편적 법칙이 될 것을, 그 준칙을 통해 네가 동시에 의욕할 수 있는, 오직 그런 준칙에 따라서만 행위하라'는 것이다.

이제 의무의 모든 명령이 그것들의 원리로서의 이 유일한 명령으로부터 도출될 수 있다면, 비록 우리가 사람들이 의무라고 부르는 것이 도대체 공허한 개념이 아닌가 하는 문제는 미결로 남겨둔다 할지라도, 적어도 우리가 그 개념으로써 무엇을 생각하고, 이 개념이 무엇을 말하려 하는가는 제시할 수 있다.

그에 따라 결과들이 일어나는 법칙의 보편성이 본래 가장 보편적인 의미에서 자연이라고 일컬어지는 것, 다시 말해 그것이 보편적 법칙들에 따라 규정되어 있는 경우에만 사물들의 현존이라고 일컬어지는 것을 형성하므로, 의무의 보편적 명령도 '마치 너의 행위의 준칙이 너의 의지에 의해 보편적 자연법칙이 되어야 하는 것처럼 그렇게 행위하라' 는 것이라고 말할 수 있겠다.

이제 우리는, 우리 자신에 대한 의무와 다른 사람들에 대한 의무, 완전한 의무와 불완전한 의무로 나누는 의무들의 통상적인 분류에 따라 몇몇 의무들을 열거하고자 한다.

(⋯중략⋯)

돈을 빌릴 수밖에 없는 곤경에 놓인 또 다른 사람이 있다. 그는 자신이 갚을 수 없을 것임을 잘 알지만, 또한 정해진 시간에 갚을 것을 확실하게 약속하지 않는다면 한 푼도 빌릴 수 없다는 것도 안다. 그는 그러한 약속을 할 뜻을 가지고 있으며, 그러나 그는 그러한 방식으로 곤경에서 벗어난다는 것은 허용되지 않는 일이고 의무에 어긋나는 일이 아닌가 하고 자문하는 정도의 양심은 아직 가지고 있다. 그럼에도 그가 그렇게 하기로 결심한다면, 그의 행위의 준칙인 즉 '만약 내가 돈이 없는 곤경에 처해 있다고 생각하면, 나는 돈을 빌리면서 갚겠다고 약속할 것이다. 비록 내가 돈을 갚는 일이 결코 일어나지 않을 것임을 알고 있다 해도 말이다.' 라는 것이겠다. 무릇 이 자기 사랑 내지 자신의 유리함의 원리는 나의 전 미래의 안녕과 어쩌면 잘 합일될 수도 있다. 그러나 지금의 문제는, 과연 그런 일이 옳은 것이냐 하는 것이다. 그러므로 나는 자기 사랑의 요구를 보편적 법칙으로 변환시켜, '만약 나의 준칙이 보편적 법칙이 된다면,

사태가 어떻게 될 것인가?' 하는 물음을 세운다. 그때 나는 이내, 나의 준칙은 결코 보편적 자연법칙으로 타당할 수가 없고, 자기 자신과 합치할 수가 없으며, 오히려 필연적으로 자기모순일 수밖에 없다는 것을 안다. 왜냐하면 누구든 그가 곤경에 처해 있다고 생각한 연후에는, 그걸 지킬 결의도 없이, 그에게 생각나는 것을 약속할 수 있다는 것이 법칙의 보편성이 되면, 그것은 약속 및 사람들이 그와 함께 갖는 목적 자체를 불가능하게 만들 것이기 때문이다. 어느 누구도 그에게 약속된 것을 믿지 않을 것이고, 오히려 그러한 모든 표명을 허황한 구실이라고 조소할 것이니 말이다.

(…중략…)

그러므로 그 실천 명령은 다음과 같은 것일 것이다―네가 너 자신의 인격에서나 다른 모든 사람의 인격에서 인간(성)을 항상 동시에 목적으로 대하고, 결코 한낱 수단으로 대하지 않도록, 그렇게 행위하라. 우리는 과연 이 명령이 실행되는지를 살펴보고자 한다.

(…중략…)

둘째로, 타인에 대한 필연적이거나 당연한 의무에 관한 것인데, 다른 사람에게 거짓 약속을 하려고 뜻한 사람은 곧바로, 그가 다른 사람을, 이 사람도 동시에 자기 안에 목적을 포함하고 있음을 무시하고, 한낱 수단으로 이용하려 하고 있음을 알아차릴 것이다. 왜냐하면 내가 그러한 약속에 의해 나의 의도를 위해 대하고자 하는 그 사람은 그에 대한 나의 처신 방식에 동의할 수 없을 것이므로 그 자신이 행위의 목적을 함유할 수 없을 것이기 때문이다. 타인의 원리에 대한 이 상충은, 다른 사람의 자유와 재산에 대한 침해의 예를 들어보면 더욱 뚜렷하게 드러난다. 왜냐하면 거기서, 인간 권리의 위배자가, 다른 사람들도 이성적 존재자로서 항상 동시에 목적들로, 다시 말해 바로 그 동일한 행위에 의해 그 자신 안에도 목적을 함유할 수 있어야만 하는, 그러한 존재자로 평가되어야 함을 보지 못한 채 타인의 인격을 한낱 수단으로 이용할 생각을 하고 있음이 분명해지기 때문이다.

(…중략…)

의지의 자율이란 의지가 그 자신에게 법칙인 그런 의지의 성질이다. 그러므로 자율의 원리는 선택의 준칙들이 동일한 의욕에서 동시에 보편적인 법칙으로서 함께 포섭되는 그러한 방식 외에는 아무런 것도 선택하지 않는다는 것이다. 이 실천적 규칙이 하나의 명령이라는 것, 다시 말해, 개개 이성적 존재자의 의지가 조건으로서의 이 규칙에 필연적으로 묶여 있다는 것은 명령에서 나타나는 개념들의 순전한 분해에 의해서는 증명될 수가 없다. 왜냐하면 그것은 종합 명제이기 때문이다. 그렇기에 사람들은 객관들의 인식을 넘어서 주관, 다시 말해, 순수 실천이성에 대한 비판으로 나아가지 않으면 안 될 것이다. 명증적으로 지시, 명령하는 이 종합명제는 온전히 선험적으로 인식될 수 있기 때문이다.

윤리형이상학에서 순수 실천이성 비판으로 이행 | 의지는 생물이 이성적인 한에서 갖는 일종의 원인성이다. 자유는 이런 원인성의 특성일 것인바, 자유는 그것을 규정하는 외래의 원인들에 독립해서 작용할 수

있는 것이다. 반면에 자연필연성은 외래 원인들의 영향에 의해 활동하게끔 규정받는, 모든 이성 없는 존재자들의 원인성의 특성이다.

앞서 한 자유에 대한 설명은 소극적인 것이고, 그래서 그 본질을 통찰하기 위해서는 비생산적이다. 그러나 이로부터 그에 대한 적극적인 개념, 보다 더 내용이 풍부하고 생산적인 개념이 나온다. 인과성 개념은 법칙들의 개념을 동반하는바, 이 법칙들에 따라 우리가 원인이라고 부르는 어떤 것에 의해 다른 어떤 것, 곧 결과가 정립되어야 한다. 그래서 자유는 비록 자연법칙들에 따르는 의지의 성질은 아니지만, 그럼에도 전혀 무법칙적이지 않고 오히려 불변적인 법칙들에 따르는 원인성이되, 그러나 특수한 종류의 것임에 틀림없다. 왜냐하면 만약 그렇지 않다면, 자유의지란 무물(無物)일 터이니 말이다. 자연필연성은 작용하는 원인들의 타율이었다. 왜냐하면 각각의 작용 결과는 다른 어떤 것이 작용하는 원인을 원인성으로 규정한 법칙에 따라서만 가능했으니 말이다. 그렇다면 의지의 자유가 자율, 다시 말해 자기 자신에게 법칙인 의지의 성질 말고 다른 무엇일 수 있겠는가? 그러나 '의지는 모든 행위에 있어 자기 자신에게 법칙이다.'라는 명제는 단지 자기 자신을 또한 보편적 법칙으로서 대상으로 가질 수 있는 준칙 외의 다른 어떤 준칙에 따라서는 행위하지 않는다는 원리를 표시할 따름이다. 그러나 이것은 바로 정언 명령의 정식이자 윤리성의 원리이다. 그러므로 자유의지와 윤리 법칙 아래에 있는 의지는 한 가지이다.

(…중략…)

만약 우리가 자유를 모든 이성적 존재자들에게 부가시킬 충분한 이유를 가지고 있지 못하다면, 우리가 우리의 의지에 어떠한 이유에서건 자유를 소속시키기에는 충분하지가 않다. 왜냐하면 윤리성은 순전히 이성적 존재자들로서의 우리에게만 법칙으로 쓰이는 것이므로 그것은 또한 모든 이성적 존재자들에게 타당해야 하기 때문이고, 그것은 오로지 자유의 속성으로부터 도출되어야만 하는 것이므로 또한 자유는 모든 이성적 존재자들의 의지의 속성으로서 증명되어야 하기 때문이다. 자유를 인간의 자연본성에 대한 소위 어떤 경험들에 의해 밝혀낸다는 것은 충분하지가 않다. 우리는 자유를 이성적이고 의지를 갖춘 존재자 일반의 활동에 속하는 것으로 증명하지 않으면 안 된다. 이제 나는 말하거니와, 자유의 이념 아래서밖에는 행위할 수 없는 모든 존재자는, 바로 그렇기 때문에, 실천적인 관점에서, 실제로 자유롭다. 다시 말해 자유와 불가분리적으로 결합되어 있는 모든 법칙들은 그 같은 존재자에게 타당하다. 마치 그 같은 존재자의 의지는 그 자체로도, 그리고 이론 철학에서도 타당하게 자유롭다고 선언되는 것이나 마찬가지로 말이다. 이제 나는 주장하거니와, 우리는 의지를 가지고 있는 모든 이성적 존재자에게, 그가 그 아래서만 행위할 수 있는 자유의 이념을 또한 필연적으로 수여하지 않을 수 없다. 왜냐하면 우리는 그러한 존재자에서는 실천적인, 다시 말해 그의 객관에 대해서 원인성을 갖는, 이성을 생각하기 때문이다. 무릇, 자기 자신의 의식을 가지면서 그의 판단들에 대해 외부로부터 지도를 받는 이성을 생각한다는 것은 불가능한 일이다. 왜냐하면 그럴 경우 주관은 판단력의 규정을 그의 이성이 아니라 충동에 귀속시키는 것일 터이니 말이다. 이성은 외부의 영향에서 독립적으로 그 자신을 그의 원리들의 창시자로 간주해야 한다. 따라서 이성은 실천이성으로서, 또는 이성적 존재자의 의지로서 그 자신에 의해 자유롭다고 간주되어야만 한다. 다시 말해 이성적 존재자의 의지는 오로지 자유의 이념 아래서만 자신의 의지일 수 있고, 그러므로 그런 의지는 실천적 의도에서 모든 이성적 존재자들에게 부여되어야만 한다.

－출전 : 《윤리형이상학 정초》, 백종현 옮김, 아카넷, 2005

실천윤리학

인간과 동물의 차이점 | 인간과 동물 사이에는 엄청난 간격이 있다는 사실은 서구문명의 대부분의 역사 중에 의심을 받지 않았다. 이같은 가정의 기초는 우리가 동물로부터 발생했다는 것을 다윈이 밝힘에 따라 훼손되었고, 하느님이 자신의 모습을 본따 불멸의 영혼을 넣어 인간을 창조했다는 이야기의 신빙성이 약해진 것과 관련이 있다. 어떤 사람들은 우리와 다른 동물간의 차이가 종류의 차이(difference of kind)라기보다는 정도의 차이(difference of degree)라는 사실을 받아들이기가 어렵다고 생각했다. 그들은 인간과 동물을 구별할 기준을 찾아나섰다. 그러나 지금까지 이같은 경계선들은 오래 유지되지는 모했다. 예를 들어서 인간만이 도구를 사용한다는 사실이 주장되곤 했다. 그러나 갈라파고스 섬의 딱따구리는 나무의 틈 속에서 벌레를 파내기 위해 선인장 가시를 사용하고 있음이 관찰되었다. 다음으로 다른 동물이 도구를 사용한다고 해도, 인간만

이 유일하게 도구를 만드는 동물이라는 사실이 주장되었다. 그러나 구달은 탄자니아의 정글에 사는 침팬지가 나뭇잎을 씹어 물을 적실 스펀지를 만들고, 벌레를 잡을 도구를 만들기 위해 가지에서 잎을 훑는 것을 발견했다. 언어의 사용이 또다시 인간과 동물의 경계라고 주장되기도 하였다. 그러나 침팬지와 고릴라는 귀머거리와 벙어리의 수화법을 배웠으며, 고래와 돌고래는 그들 나름의 복잡한 언어를 가지고 있다는 증거가 있다.

인간과 동물간에 경계선을 그으려는 이같은 시도들이 실제 사실들과 일치한다고 해도, 이들은 여전히 어떠한 도덕적 의미를 가지지 못한다. 한 존재가 언어를 사용하지 않는다거나 도구를 만들 수 없다는 것이 그 존재의 고통을 무시할 이유가 결코 될 수는 없다. 어떤 철학자들은 보다 근본적인 차이가 있다고 주장한다. 그들은 동물들은 생각할 수도 없고 추론할 수도 없으며, 따라서 자신에 대한 어떤 생각, 즉 자의식을 가지지 않는다고 주장한다. 동물들은 순간순간으로만 살고 있으며, 그리고 자신을 과거와 미래를 가지는 개별적 존재로 보지 못한다. 동물들에게는 자율성, 즉 어떻게 자신의 삶을 살아갈 것인가를 선택할 수 있는 능력이 없다. 자율적이고 자의식적인 존재가 어떤 점에 있어서는, 자신을 과거와 미래를 가지는 개별적 존재로 볼 능력을 가지지 못하고 순간순간 살아가는 존재보다도 더 가치롭고 도덕적으로 더 중요하다고 주장되어왔다. 이에 따르면 자율적이고 자의식적인 존재의 이익이 일반적으로 다른 존재의 이익보다 도덕적으로 우선권을 갖는 것은 마땅하다.

여기에서는 어떤 동물이 자의식적이고 자율적인지의 여부를 고려하지 않겠다. 이를 생략하는 이유는 지금의 맥락에서는 여기에 달려 있는 것이 별로 많지 않다고 생각하는 까닭이다. 지금 우리는 이익 평등 고려의 원칙의 적용만을 고려하고 있다. 생명의 가치에 대한 문제를 다루는 다음 장에서 자의식이 중요하다고 주장할 이유가 있음을 보게 될 것이며, 그 다음에 동물에게 자의식이 있다는 증거를 제시할 것이다. 그전에 보다 중요한 문제는 한 존재가 자의식적이라는 사실이 어떤 종류의 우선적인 고려를 받을 자격을 그 존재에게 부여하는가이다.

자의식적인 존재가 우선적인 고려를 받을 자격이 있다는 주장은 어떤 존재에게 일어난 일이 그 존재가 자의식적일 때 그렇지 못할 때보다 더욱 고통스럽거나, 더욱 행복하거나 하다고 주장하는 것 이상이 아니라면, 이익 평등 고려의 원칙과 양립할 수 있다. 자의식적인 존재는 어떤 일이 일어나고 있는지를 더 잘 알기 때문에, 사건들을 보다 긴 시기의 전체적인 틀 속에 넣어서 고려할 수 있기 때문에, 그리고 그 밖의 이유 때문에 그러하다. 그러나 이는 내가 이 장의 첫머리에서 이미 인정한 점이며 극단적으로 우스꽝스러운 경우가 아니라면, 예컨대 나는 자의식적이고 식용 송아지는 그렇지 못한데 나에게 송아지 고기를 빼앗아가는 것이 송아지에게서 걷고 움직이고 먹을 자유를 빼앗은 것보다 더욱 큰 고통을 야기시킨다고 주장하는 것과 같은 것과 같은 것이 아니라면, 동물실험이나 공장식 농장에 가한 비판에서도 부정되지 않는다.

그렇지만 자의식적인 존재가 단순히 감각적인 존재보다 더 많은 고통을 겪지 않을 경우에도, 자의식적인 존재가 보다 가치로운 유형의 존재이기 때문에 자의식적인 존재의 고통이 더욱 중요하다고 주장된다면 그것은 다른 문제이다. 이는 가치에 대한 비공리주의적 주장, 즉 제1장의 마지막 절에서 기술된 대로의 보편적 관점에서부터 간단히 도출될 수 없는 주장이다. 그곳에서 전개된 공리주의를 찬성하는 논증은 물론 잠정적인 것이었던 까닭에 그 논증을 사용하여 모든 비공리주의적 가치를 배제할 수는 없다. 그럼에도 불구하고 우리는 왜 자의식적인 존재가 더욱 가치로운 것으로 고려되어야 하는지, 특히 이른바 자의식적인 존재를 보다 가치롭게 보는 것이 결국 자의식적인 존재의 자의식이 문제되고 있지 않은 경우에도 그같은 존재의 보다 작은 이익을 단순히 감정적인 존재의 보다 큰 이익보다 선호하게 하는지를 물을 권리가 있다. 자의식적인 존재의 자의식이 문제되고 있지 않다는 점은 중요하다. 왜냐하면 우리는 지금 자의식적인 존재의 생명이 위험에 처해 있는 경우가 아니라 우리가 어떤 결정을 하든지 자신의 능력을 보전한 채 자의식적인 존재가 계속 살아갈 경우를 고려하고 있기 때문이다. 이러한 경우에 자의식이 있다는 것이 비교되고 있는 이해관계의 성격에 전혀 영향을 주지 않는다면, 비슷한 논의에 종족, 인종, 성을 끌어들일 이유가 분명치 않은것처럼 자의식을 끌어들이는 이유도 분명치 않다. 이익은 이익이며, 그 이익이 인간의 이익이든 동물의 이익이든, 자의식적인 동물의 이익이든 그렇지 않은 동물의 이익이든 간에 동등하게 고려되어야만 한다.

자의식이나 자율성 혹은 그와 비슷한 특징이 인간과 동물을 구별하는 데 도움이 될 수 있다는 주장에 대해서 다른 반박이 가능하다.

즉 많은 동물보다 더 자의식적이고 더 자율적이라고 주장될 수 없는 정신적으로 결함이 있는 인간이 있음을 환기시키는 것이다. 우리가 이러한 특징들을 이용해서 인간과 다른 동물들 사이에 간격을 둔다면, 이같은 불행한 인간들을 우리는 우리 반대쪽에 놓아야 할 것이다. 그리고 이같은 간격이 도덕적 위치에도 차이가 있음을 드러내는 것이라면, 이러한 사람들은 인간으로서보다는 동물로서의 도덕적 위치를 가지게 될 것이다.

(…중략…) 이러한 반박은 매우 강력하다. 왜냐하면 우리들 대부분은 정신적으로 결함이 있는 사람들을 고통스러운 실험에 사용하거나 식도락가의 요리용으로 살찌운다는 생각이 무서운 것이라고 생각하기 때문이다. 그러나 어떤 철학자들은 자의식이나 자율성과 같은 특징을 인간과 다른 동물을 구분하는 기준으로 사용한다고 해도 실제로 위와 같은 결론이 도출되지는 않는다고 주장한다. 이렇게 주장하려는 시도 중 세 가지를 살펴보자.

첫 번째 제안은, 정신적인 결함을 가진 사람들은 정상적인 인간을 다른 동물로부터 구분하게 하는 능력을 소유하지는 못했지만, 그럼에도 불구하고 마치 그러한 능력을 가진 것처럼 다루어져야만 한다는 것이다. 왜냐하면 그들은 정상적으로는 그러한 능력을 소유하는 종에 속하는 구성원이기 때문이다. 말을 바꾸자면 이러한 제안은 우리가 개인을 그들의 실제적 성질에 따라 다루지 말고 그가 속하는 종족의 일반적인 성질에 따라 다루어야 한다는 것이다.

이러한 제안이 어떤 인종이나 성에 속하는 사람을 다른 인종이나 성에 속하는 사람보다 더 잘 대하는 것을 정당화하기 위해 사용될 때는 가차 없이 거부되면서도, 우리 종족의 구성원을 다른 종족의 구성원보다 더 잘 대우하는 것을 옹호하기 위해서 사용될 때는 받아들여진다는 사실이 재미있다. 앞장에서 흑인과 백인 간의 있을 수 있는 IQ 차이의 결과에 관하여 논의하면서, 나는 흑인과 백인 간의 평균 점수의 차이가 어떻든 간에 낮은 평균 점수를 받은 집단의 어떤 구성원이 높은 평균 점수를 받은 다른 집단의 어떤 구성원보다 점수가 더 높을 수 있고, 그래서 평균점이 어떻든 간에 그들 민족 집단의 평균점과 상관없이 사람들을 개인으로 다루어야만 한다는 점을 명백히 했다. 우리가 이를 받아들여 일관성을 유지하려 한다면, 심각하게 정신적으로 결함이 있는 사람들을 다룰 때에도 그들에게 그들 종족의 정상적인 구성원에게 부여되는 권리나 위치를 부여해야 한다는 제안은 받아들일 수 없다. 이 경우에 인종이나 성별이 아니라 종족 간에 구분선이 그어진다는 사실이 왜 특별한 중요성을 갖는가? 어떤 존재가 이런 경우에는 개인으로 다루어지고 저런 경우에는 집단의 성원으로 다루어져야 한다고 주장할 수는 없다. 종족의 구성원이라는 사실도 어떤 인종이나 어떤 성의 구성원이라는 사실과 마찬가지로 이런 상황에서는 중요하지 않다.

두 번째 제안은, 심각한 정신적 결함이 있는 사람들이 비록 다른 동물들보다 더 높은 능력을 가지지 못한다 할지라도 그들은 인간이며, 그러기에 우리는 다른 동물과 가지지 못하는 특별한 관계를 그들과 가진다는 것이다. 이 주제에 대한 내 책을 읽은 한 논평자는 이렇게 썼다. '우리 자신의 종족에 대한 당파심, 그리고 종족 내의 보다 작은 집단에 대한 당파심도, 우주와 같이, 받아들이는 것이 좋은 그러한 것이다 …… 당파적 애정을 배제하려는 시도에는, 모든 애정의 원천을 제거해버릴 수도 있는 위험이 도사리고 있다.'

이러한 논의는 도덕성을 애정과 너무 밀접히 연관시키고 있다. 물론 어떤 사람들은 어떤 동물보다 매우 심한 장애를 가진 사람과 더 밀접한 관계를 가질 수도 있으며, 그들에게 그렇게 느끼지 말아야 한다고 이야기하는 것은 어리석은 일이 될 것이다. 그들은 단지 그렇게 할 뿐이며, 그 자체로서는 좋을 것도 없고 나쁠 것도 없다. 문제는 한 존재에 대한 우리의 도덕적 의무가 이러한 방식으로 우리의 감정에 의존해서 규정되어도 좋은가 여부이다. 잘 알려져 있듯이, 어떤 사람들은 그들의 이웃보다도 그들의 고양이와 더 밀접한 관계를 가진다. 도덕성과 애정을 연관시키는 사람들은 고양이 애호가들이 불이 났을 때 이웃을 구하기에 앞서 고양이를 구한다면 그 일이 정당하다고 할 것인가? 이러한 질문에 긍정적인 답을 할 사람들조차도 백인은 다른 백인에게 더 자연스런 관계와 더 큰 애정을 가지기 때문에 백인이 흑인의 이익보다는 다른 백인의 이익을 우선적으로 고려하는 것이 옳다고 주장하는 인종주의자에게 찬성하지 않을 것이라고 나는 믿는다. 윤리가 우리에게 요구하는 것은 개인적 관계나 당파적 애정을 배제하라는 것이 아니라, 우리가 행동할 때, 우리의 행위에 의하여 영향받는 사람들의 도덕적 주장을 그들에 대한 우리의 감정과 무관하게 평가하라는 것이다.

세 번째 제안은, 널리 사용되고 있는 '미끄러운 경사길(slippery slope)'이라는 논증을 동원한다. 이 논증의 논리는 일단 우리가 어떤 방향으로 한 발자국 내딛게 되면, 우리는 미끄러운 경사길에 서게 되어 우리가 가기를 원했던 것보다도 더 미끄러져 가게 된다는 것이다. 현재 맥락에서 이 논의는, 우리가 필요로 하는 것은 실험을 하거나 먹기 위해 살찌워도 좋은 존재와 그렇게 해서는 안 되는 존재와의 명백한 구분 기준을 밝히는 데 사용된다. 어떤 종족의 구성원인가는 날카롭고 좋은 구분 기준인 반면, 자의식, 자율성, 감정의 수준은 그렇지 못하다. 일단 우리가 정신적 결함을 가지는 사람이 동물보다 더 높은 도덕적 지위를 가질 수 없다는 것을 허용하면 우리는 내리막길을 내려가기 시작한다. 그 다음 단계는 사회적 부적응자의 권리를 부정하는 것이고, 가장 마지막 단계에서는 자신이 좋아하지 않는 어떤 사람이라도 정신적 결함자로 분류함으로써 처리해버리는 전체주의적 정부가 나타나게 된다.

미끄러운 경사길 논증은 어떤 맥락에서는 중요하다. 그러나 그렇게까지 큰 의미를 가지는 것은 아니다. 이 장에서 내가 주장하고 있듯이, 우리가 지금 인간에게 부여하고 있는 특별한 위치가 우리로 하여금 수십억의 감정 있는 존재들의 이익을 무시하게 한다고 믿는다면, 이러한 상황을 교정하려는 시도를 단념해서는 안 된다. 그러한 시도가 근거하고 있는 원칙이 나쁜 통치자에 의해 오용될 수도 있다는 단순한 가능성만으로 그러한 시도를 단념할 수는 없다. 그러한 오용은 가능성에 불과하다. 여기서 내가 제안하고 있는 변화는 인간에 대한 대우에 아무런 변화도 일으키지 않을 것이며 오히려 개선시킬 수도 있다.

결국, 자의적으로 그어진 어떠한 윤리적 구분선도 안전할 수 없다. 공개적으로 정직하게 옹호될 수 있는 구분선을 찾는 것이 더 나을 것이다. 제7장에서 안락사를 다루면서, 우리는 잘못 그어진 구분선이 보다 높은 쪽 내지 인간 쪽에 놓인 사람에게조차도 불행한 결과를 가져올 수 있다는 것을 보게 될 것이다.

내 논의의 목표가 어떤 인간의 지위를 낮추기보다는 동물의 지위를 높이는 것이라는 점을 기억하는 것이 또한 중요하다. 정신적으로 결함이 있는 인간에게 그들 반이 죽을 때까지 식용 색소를 강제로 먹여야 한다고 제안하고 있는 것은 아니다. 비록 이것이 토끼나 개에게 시험을 하는 것보다도 그 물질이 인간에게 안전한지를 더 정확히 알려준다는 것이 확실해도 그렇다. 나는 정신적으로 결함이 있는 사람을 이렇게 다루는 것이 그릇된 것이라는 우리의 확신이, 비슷한 수준의 자의식을 갖거나 고통을 받을 수 있는 비슷한 능력을 가진 동물에게까지 옮아가기를 원한다. 우리가 지금 정신적으로 결함이 있는 사람에 대하여 가지는 보다 큰 관심을 동물에게 가지기보다는, 지금 동물을 대할 때 보이는 관심의 결여로써 정신적 결함이 있는 사람을 대하기 시작할 것이라는 것을 근거로 우리의 태도를 바꾸려고 하지 않는 것은 지나치게 비관적이다.

－출전 : 《실천윤리학》, 황경식 외 옮김, 철학과현실사, 1997

2부

도킨스와 르원틴의
사회생물학 논쟁

인간은 유전자의 생존 기계인가?

사회생물학은 어떤 사회적, 정치적 역할을 하는가?

 vs

인간은 유전자의 생존 기계인가?

박쌤 ㅣ 오늘은 사회생물학을 둘러싼 논쟁의 자리를 마련했습니다. 이 자리에는 사회생물학 논쟁에서 대조적인 입장을 취하고 있는 두 분 선생을 모셨는데요. 도킨스 선생은 이미 국내 독자들에게도 잘 알려져 있습니다. 사회생물학을 옹호하는 입장이든 비판하는 입장 이든, 도킨스 선생의 주장과 논리를 대면하지 않고는 논의를 할 수 없을 정도로 논쟁의 중심에 서왔죠. 르원틴 선생은 비판적 입장을 견지하는 대표적인 논객 중의 한 분이라고 할 수 있습니다.

사전적인 의미에서 볼 때 사회생물학은 사회학적 현상을 생물학 적 지식을 이용하여 탐구하는 학문이라고 할 수 있습니다. 인간을 포함한 동물의 사회적 행동이 진화 과정의 결과로 형성된 것이라는 생각에 바탕을 두고 있죠. 하등 동물에서 고등 영장류와 인간에 이르기까지, 그리고 유전자에서 개체, 사회뿐만 아니라 인간의 정신과 문화에 이르기까지 생물학적 기초에서 통일적으로 분석하고 규명하는 것이 가능하다고 보고 있는 것 같습니다.

사회생물학의 기본 입장을 둘러싸고 그간 첨예한 논쟁이 이어져 왔습니다. 수많은 과학자들과 철학자들이 이 논쟁에 참여하고 있는데요. 그만큼 많은 논쟁점에 대해 다양한 입장이 제기되어왔습니다. 오늘 모든 논쟁점을 다룰 수는 없는 노릇이고, 그 가운데 가장 논란이 되고 있는 다음의 두 가지를 중심으로 논의를 하겠습니다.

- 인간은 유전자의 생존 기계인가?
- 사회생물학은 어떤 사회적, 정치적 역할을 하는가?

전자는 사회생물학의 기본 전제가 되는 유전자의 역할에 대한 논쟁점입니다. 그런 의미에서 학문적인 영역에서는 가장 핵심적인 논쟁점이라고 할 수 있죠. 후자는 사회생물학의 정치적 측면을 다루려는 의도를 갖고 있습니다.

자, 그럼 이제 본격적인 논의로 들어가겠습니다. 사회생물학의 아버지라고 할 수 있는 윌슨은 《사회생물학》에서 이렇게 말합니다. 태초부터 지금까지 지구의 역사를 돌아볼 때, 개체란 잠시 태어났다 사라지는 덧없는 존재이고 자손 대대로 영원히 살아남을 수 있는 것은 오직 유전자뿐이라고 말이죠. 그는 유전자로 하여금 더 많은 복사체를 만들 수 있도록 도와서 형질이 성공적으로 살아남아 지금 우

리와 함께 있는 것이라고 합니다. 생명의 다양성은 물론이고 인간의
특성 모두가 필연적으로 진화의 산물이라 보고 있는 것이죠.

　이와 관련하여 도킨스 선생은, 인간은 유전자에 의해 창조된 생
존 기계에 불과하다고 주장하고 있습니다. 또한 이러한 유전자를
'이기적 유전자'라고 정의하고 있지요. 이에 대해 좀 더 구체적인
설명을 듣는 것으로 논쟁을 시작하겠습니다.

도킨스 |　네, 그렇습니다. 인간은 유전자의 생존 기계입니다. 보다 노
골적으로 말하자면, 인간은 유전자 보존을 위해 맹목적으로 프로그
램된 로봇이라고 할 수 있어요. 물론 인간만 그런 것은 아니죠. 동식
물, 박테리아, 그리고 바이러스까지 포함하여 존재하는 모든 생명체
는 유전자의 생존 기계라고 할 수 있습니다. 윌슨도 강조하고 있듯
이 생물 개체는 안정된 존재가 아닙니다. 어떤 특정한 목적을 가지

고 존재하는 것도 아니고요. 그저 정처 없이 떠도는 존재에 불과합니다. 인간의 번식은 유전자를 존속시키기 위해 프로그램된 행동일 뿐입니다. 유전자가 우리의 몸과 마음을 창조했고 그것들의 보존은 우리의 존재 이유입니다. 가족을 사랑하는 것도 마찬가지예요. 유전자가 자기와 비슷한 유전자들을 되도록 많이 남기기 위해 가족 사랑이라는 프로그램을 만든 것이죠. 우리는 유전자에 프로그램된 대로 먹고살고 사랑하면서, 그 유전자를 후대에 전달하는 임무를 수행하는 운반 도구에 불과해요.

유전자가 이기적인 이유는 오직 하나의 목적만을 가지고 있기 때문입니다. DNA의 진정한 목적은 생존하는 것, 그 이상도 그 이하도 아닙니다. 오직 자기 복제만을 위해서 운반자, 즉 생물 개체를 만들고 이용하죠. 성공하는 유전자에게 기대되는 특질 가운데 가장 중요한 것은 비정한 이기주의입니다. 그런 점에서 우리는 이기적으로

"생명은 유전자의 노예가 아닙니다.
인간의 특징은 우리를 둘러싼
환경 속에서 발현됩니다.
결정된 것이 아니기 때문에 그 누구도
함부로 예측할 수 없는 것이죠."

태어났다고 할 수 있어요. 우리가 그렇지 않을 것이라고 아무리 믿고 싶어도 보편적 사랑이나 종 전체의 번영 같은 것은 있을 수 없는 일입니다.

르원틴 | 사람을 비롯한 모든 동물이 유전자에 의해 창조된 기계에 불과하다고요? 선생의 생각대로라면 인간은 단지 자신의 유전자를 나르는 짐꾼에 불과하게 됩니다. 말하자면 우리는 유전자의 노예이며, 유전자가 매어놓은 고삐에 마음대로 끌려다니는 존재로 전락하는 것이죠. 유전자가 개체에 영향을 미치는 것은 맞습니다. 아마 이를 부정할 사람은 아무도 없을 것입니다. 적어도 창조론을 주장하는 사람이 아니라면 말입니다. 그런데 선생은 단지 영향을 주는 것이 아니라 유전자가 우리를 결정한다는 식으로 주장하고 있습니다. 잠시 개체가 발생되는 과정을 살펴봅시다. 개체는 부모로부터 받은 유전자에 의존할 뿐만 아니라 다른 요소에도 의존합니다. 수정이 이루어지는 순간의 온도와 습도는 물론이고 부모의 영양 상태에 의해서도 영향을 받습니다. 임신을 하고 있을 때 임신부의 영양 상태가 부실하다면, 유전적인 요소와는 별도로 병약한 아이가 태어날 수 있다는 것을 부정할 수 있나요? 심지어 소리의 영향도 받습니다. 많은 부모들이 임신 중에 태교라는 것을 합니다. 책을 읽거나 음악을 듣는 것을 통해 태아에게 긍정적인 영향을 주려고 하는 것이죠. 이 모든 것들은 개체가 발생하는 과정에서 유전적인 요소만이 아니라 다른 요소도 직접 혹은 간접적으로 작용하고 있음을 보여줍니다. 그런 점에서 선생은 유전자의 역할을 과도하게 절대화하는 오류를 범하

고 있는 것 같습니다.

초파리와 같이 아주 작고 단순한 구조를 가진 개체조차도 그 개체 내에서 좌우 날개털의 숫자가 다르게 나타나는 경우가 비일비재합니다. 유전자형이 똑같은 개체 사이에도 표현형의 차이가 생기는 경우는 수도 없이 많습니다. 같은 개체에서 꺾꽂이하여 번식시킨 식물들은 모두 같은 유전자형을 지녔지만, 이것들을 동일한 환경에서 재배한다고 해도 이들 개체 사이에는 약간의 변이가 생깁니다. 유전자의 본체인 DNA에 간직되고 있는 유전 정보가 RNA를 거쳐 개체의 형질이 발현되기까지 수많은 생화학적 반응이 차례로 일어나는데, 이 과정에서 다양한 변수가 개입해서 변이가 발생하는 것입니다. 동일한 조건에서도 이런데, 여기에 토양이나 비료 등의 조건을 달리하면 더 큰 변이가 일어나겠죠.

이렇게 단순한 생명체조차 유전적 동일성을 가진다 하더라도 개체 발생 과정에서 우연적인 변수에 의해 다른 특징을 만들어내는데, 인간처럼 복잡한 생명체는 어떻겠습니까? 아주 작은 배아 단계에서부터 기본적인 형태를 갖출 때까지 셀 수 없이 많은 요소들이 개체의 특징을 결정짓는 데 영향을 줄 수밖에 없어요. 어떻게 이를 깡그리 무시할 수 있죠? 결국 생물의 모든 형질의 유전 및 발현은 유전자의 유전 정보만이 아니라 발생 과정에서의 작용, 더 나아가서는 환경적인 요인과의 상호작용 등에 의해 결정되는 것으로 보아야 해요.

박쌤 | 르원틴 선생의 반론은 유전자 결정론에 대한 비판 가운데 가장 많이 제기되는 것으로 알고 있습니다. 동일한 유전자형에서 표현

형의 차이가 생긴다는 점에 기초해볼 때 유전자가 생명체를 일방적으로 결정하는 것은 아니라는 것이죠. 유전자가 상당한 영향을 미친다는 점을 인정하면서도, 그것이 일방적인 결정이 아니라 상호작용이라는 것입니다.

이런 주장을 입증하기 위해 인간을 대상으로도 다양한 실험이 있어왔던 것으로 알고 있습니다. 대표적인 것이 쌍둥이 연구라고 할 수 있고요. 쌍둥이들은 유전적으로는 동일하면서도 자라난 환경이 다르기 때문에 환경과 유전의 영향을 분리할 수 있습니다. 그래서 환경과 유전의 영향을 비교하는 데 가장 좋은 연구 방법이죠. 미국의 미네소타대학에서 실시된 연구가 대표적일 것 같습니다. 이 연구의 결과는 인간 성격의 50퍼센트 정도가 유전적 요인에 기인한다는 것을 보여주었습니다. 환경적 요인은 20~30퍼센트 정도로 나왔고요.

미네소타대학의 결과에 따르면 유전적 영향이 환경적 영향보다 크지만, 그렇다고 해서 유전자가 모든 것을 결정하는 것은 아니라는 점을 확인할 수 있습니다. 나머지 요인으로는, 르원틴 선생의 논리를 적용한다면 발생 과정에서의 변수를 고려할 수 있겠죠. 결국 유전적 요소, 환경적 요소, 그리고 발생 과정의 변수 등 다양한 요소가 개체의 특성을 결정짓는 것으로 보아야 한다는 주장이 제기됩니다. 워낙 대표적인 반론인 만큼 이에 대한 도킨스 선생의 반론이 필요할 것 같습니다.

도킨스 | 그 문제에 대해서는 자크 모노가 《우연과 필연》에서 주장한 내용을 인용하고 싶군요. 저는 모노와 상당히 다른 입장이기는 하지

만, 몇 가지 문제의식에서는 참고할 만한 점이 있는 것 같아요. 그는 이 책에서 "생명체는 외부 힘의 작용에는 전혀 영향을 받지 않으며, 전체적인 형태에서 극히 미세한 부분에 이르기까지 모두 그 생명체에 내재하는 '형태 발생상'의 상호작용에 힘입고 있다. 따라서 생명체의 구조는 자율적이며 직접적인 결정론을 보여주고 있는데, 그것은 외부의 요인과 조건으로부터의 거의 완전한 '자유'를 의미한다. (…) 생물은 자기 자신을 만들어내는 기계다. 그 거시적 구조는 외력의 간섭에 의해 만들어지는 것이 아니다. 구조를 만들어내는 내적인 상호작용에 의해 자율적으로 형성된 것이다. 발생의 기구에 대한 지식은 매우 희박하긴 하지만, 구조를 만들어내기 위한 상호작용은 미시적이고 분자적이다. 이에 관여하는 분자는 주로 단백질이라고 단언할 수 있다."라고 말합니다.

그의 지적처럼 생명체의 특성을 결정하는 것은 외부의 힘이 아닙니다. 예를 들어 고등 생명체의 자연적 기관인 눈을 생각해봅시다. 카메라가 외부 대상을 재현하기 위해 만들어진 기계인 것처럼 눈도 외부 대상을 재현하기 위해 생명체 스스로의 필요로 만들어진 것이죠. 이것 외에는 어떤 목적도 여기에 개입하지 않습니다. 이렇듯 모든 생명체는 자신의 삶을 영위하기 위해 무언가를 만들고, 또 물질대사를 하는 존재입니다.

환경이 생명체의 진화와 무관하다고 할 수는 없습니다. 하지만 외부적인 환경은 개체의 특성을 결정하는 요인 중의 하나라고 할 수 없죠. 르원틴 선생이나 박쌤은 유전적 영향이라든가 환경적 영향이라는 표현을 사용했는데, 이는 문제를 막연하게 만듭니다. 우리가 논의해야 하는 것은, 막연하게 무엇이 '영향'을 미치는가의 문제가 아닙니다. 무엇이 '결정'하는가의 문제에 답하는 것이죠.

르원틴 선생이 든 예를 가지고 얘기해볼까요? 분명히 임신부의 영양 상태는 태아에게 한정적인 영향을 미칩니다. 하지만 그렇다고 해서 유전적으로 결정된 특성 자체를 바꾸는 것은 아니에요. 그 특성이 발현되는 데 차이를 나타낼 뿐이지요. 아이의 눈동자 색깔이 유전적으로 푸른색이었는데 환경의 영향으로 갈색이 된다든가 하는 일은 일어날 수 없다는 얘기입니다. 다만 임신부의 영양 상태에 따라서 기능에는 차이가 생길 수 있겠죠. 그런 점에서 외적인 요소가 아니라 내적인 요소가 '결정'을 한다고 봐야 합니다.

그러면 남는 문제는 유전적으로 동일한데도 개체 발생 과정에서 우연적인 변수 때문에 다른 특징을 만들어내는 것입니다. DNA가 담고 있는 유전 정보가 전달되는 과정에서 우연적인 요소에 의해 변이가 생긴다는 주장이죠. 그러므로 유전자만이 아니라 발생 과정도 중요한 역할을 한다는 것이고요. 하지만 이것 역시 영향을 미치는 차원이지 개체 특성의 결정 요인은 아니라고 봅니다. 초파리의 좌우 날개털 숫자에서 보이는 미세한 차이가 그 개체의 특성을 반영하는 것이라고 할 수 있을까요? 예를 들어 쌍둥이로 태어난 아이들의 머리카락 수가 다르다고 해서 둘의 특성도 다르다고 할 수 없는 것처럼, 유전적으로 결정된 특성이 발현될 때의 차이 정도로 봐야 해요. 흔히 거론하는 쌍둥이의 사례도 마찬가지겠죠.

르원틴 | 선생은 표현형의 차이를 개체의 생존이나 진화에 있어서 별

의미 없는 미세한 차이 정도로 여기는 것 같습니다. 또 매우 우연적인 변수에 의해 만들어지는 현상 정도로 치부하는 것 같고요. 하지만 표현형의 차이는 우연적인 요소만이 아니라, 나름대로의 인과관계를 갖고 개체의 생존과 진화에 개입하는 경우가 많이 있어요.

칼 세이건의 《코스모스》를 보면 재미있는 사례가 나옵니다. 일본 무사의 얼굴을 닮은 바다 게의 이야기인데요. 1185년 4월 24일, 일본의 내해인 세도나이카이의 단노우라에서 헤이케라는 무사 일족과 겐지라는 무사 일족 사이에 결정적인 해전이 벌어졌다고 합니다. 헤이케의 함선들은 모조리 격멸되고 그 일족은 역사에서 거의 지워져버렸죠. 그러나 당시 살아남은 아낙네들과 어부들 사이에서 태어난 자손들은 이 해전을 기리는 기념제를 열었고, 무사의 군단이 유령이 되어 나타난다고 믿었습니다. 그들은 헤이케의 무사들이 게로 변해서 지금도 해전이 벌어졌던 바다의 바닥을 헤매고 있다고 말해요. 그곳에는 등판에 기이한 무늬가 있는 게가 있는데, 그 무늬가 무사의 얼굴과 놀랄 만큼 많이 닮았다고 합니다. 어부들은 이 게가 그물에 걸리면 먹지 않고, 단노우라의 비극적인 싸움을 떠올리며 바다로 돌려보냈다고 해요.

무사의 얼굴이 어떻게 게의 등판에 새겨지게 되었을까요? 당연히 게의 등판 무늬는 기본적으로 유전에 의존하겠죠. 게의 먼 조상 중에 등판 무늬가 사람의 얼굴과 약간 닮은 것이 있다고 칩시다. 단노우라 해전 이전에도 어부들은 그런 게를 먹기 주저하거나 메스꺼움을 느꼈을 것입니다. 헤이케 무사들에 대한 신화가 생긴 이후에는 더욱 그러했을 것이고요. 그들은 그런 게를 바다에 돌려보내 줌으로써 게의 진화에 개입한 것이죠. 만약 게의 등판 무늬가 조금이라도 사람의 얼굴과 닮지 않았다면, 그 게는 사람에게 잡아먹혔을 테고 자손의 수는 점점 줄어들었을 겁니다. 반대로 등판 무늬가 조금이라도 사람의 얼굴을 닮은 게는 바다로 되돌려보내지니까 자손의 수가 점점 불어났겠죠. 그러다 보니 여러 세대가 지난 뒤, 처음에는 사람의 얼굴과 약간 닮았던 게들이 점점 많이 닮은 쪽으로 변이가 일어난 것이고요. 그 결과, 사람의 얼굴, 무섭게 찌푸린 무사의 얼굴을 꼭 빼닮은 게가 생겨난 것이죠.

이러한 사례를 통해 우리는 표현형의 차이가 우연에 기초한 것만은 아니라는 점과 생존이나 진화에 있어서 나름대로 상당한 의미를 지닌다는 점을 알 수 있습니다. 그리고 무엇보다도 그런 변이의 과정에 환경적인 요소가 상당한 영향을 미치고 있음을 확인할 수 있고요.

도킨스 | 그 사례는 초파리의 경우와는 상당히 다른 것 같습니다. 동일한 종 내에서 수시로 발생할 수 있는 표현형의 문제를 넘어서는 변이라고 봐야 할 것 같아요. 변화무쌍하고 다양한 생존 조건 아래서 유기체들은 거의 모든 부분에 걸쳐 차이를 나타냅니다. 이 게의 사례는 일정한 조건 아래서 극심한 생존 경쟁이 일어나 생존에 유용한 유전자 변이를 거친 것들이 승리한 과정이라고 봐야 할 것 같습니다. 확고한 유전의 원리에 따라 그 개체들은 비슷한 특징을 지닌 자손을 낳는 경향을 보였을 테고요. 그런 점에서 무사의 얼굴을 닮은 바다 게의 사례는 오히려 유전자가 자기 생존을 위해 변이하는 것, 유전자의 결정적인 역할을 보여주는 것으로 이해하는 것이 맞다고

봅니다.

그런 경우는 얼마든지 있잖아요. 빙하기가 도래하면서 기온이 떨어지자 시베리아 지역에서는 털이 거의 없는 코끼리와 상대적으로 털이 더 많은 코끼리 가운데 후자가 생존에 유리했습니다. 그래서 후자의 코끼리가 더 많은 자손을 남길 수 있었죠. 수많은 세대를 거치면서 시베리아에는 진화를 통해 이 코끼리에서 유래된 자손, 즉 털이 많은 매머드들이 살게 되었습니다. 유전자가 유기적, 비유기적 생존 조건과의 관계에서 자기 스스로를 개량하고 적응시킴으로써 훌륭한 자기복제를 이룬 것이죠.

박쌤 │ 두 분의 입장을 듣다 보니 같은 사례에 대해서도 상반된 해석이 가능하다는 것을 알겠네요. 그런데 표현형 문제만이 아니라 유전자의 이기주의도 계속 논란거리입니다. 도킨스 선생은 유전자의 이기주의적 속성이 개체의 속성을 결정한다고 보는 것 같습니다. 유전자의 이기적인 속성에 의해 진화의 방향이 결정되고, 심지어 인간조차도 오직 자신의 복제에만 관심이 있는 이기적인 유전자의 조정을 받는 기계에 불과하다고 규정을 하잖아요.

그런데 흔히 인간은 자기복제를 추구하는 유전자의 이기적 속성과는 다르게 복제를 거부하곤 합니다. 대표적인 사례가 저출산 현상이라고 할 수 있지요. 적지 않은 현대 국가에서 심각한 사회 문제가 될 정도로 극단적인 저출산 현상이 일어나고 있잖아요. 도킨스 선생의 논리와는 상당히 다른 현상 아닌가요?

도킨스 | 글쎄요. 과연 저출산 현상이 지속적으로 자신을 복제하려는 유전자의 이기주의적인 속성에 반하는 인간의 행위일까요? 제가 보기에는 이기적인 유전자에 의해 일어나는 전형적인 사례 중의 하나로 보는 게 맞을 것 같은데요. 먼저 동물의 경우를 통해 살펴보죠. 새끼 수를 조절하는 현상은 동물들에게서도 나타납니다. 경우에 따라서 새끼 수를 줄이는 것을 선택하기도 하고요.

　새끼를 키우는 것은 대단한 일입니다. 우선 알을 만들기 위해 어미 새는 대량의 먹이와 에너지를 투자해야만 합니다. 배우자의 도움도 필요하겠죠. 어미 새는 알을 품고 보호하기 위해 집을 만드는 데도 많은 노력을 하죠. 어미 아비 새는 인내심을 가지고 여러 주에 걸쳐 알 품기를 계속하다가 새끼가 부화하면 거의 쉬지 않고 새끼의 먹이를 나릅니다. 박새의 경우, 어미 새는 낮 동안 평균 30초에 한 번꼴로 먹이를 둥지로 나를 정도예요. 그런데 만약 먹이가 충분하지 못한 조건이 상당 기간 지속되면 어미 아비 새들은 새끼 수를 조절하기 시작합니다. 먹이, 양육을 위한 노력 등과 같은 한정된 자원을 너무 많은 새끼들에게 분산시키다 보면, 제대로 키울 수 있는 새끼의 수가 적어지고 마니까요. 그래서 어미 새는 새끼 낳기와 새끼 키우기 사이의 균형을 이루기 위해 조치를 취하게 되는 겁니다. 한 마리의 어미 새, 또는 한 쌍의 짝이 구할 수 있는 먹이와 자원의 총량이 그들이 키울 수 있는 새끼 수를 결정하는 제한 요인이 되는 것이지요. 자연선택은 이 한정된 자원들로부터 최대한 번식에 유리하도록, 산란 전에 이미 한 둥지의 알 수나 배 속의 새끼 수를 조절합니다.

　이렇게 본다면 환경이 안 좋아졌을 때 새끼 수를 조절하는 행위는 유전자의 이기성에 역행하는 것이 아니라 정확히 부합하는 경우라고 볼 수 있지 않을까요? 유전자에게 자기복제란 무조건 많이 복제하는 것이 아니라 안정된 복제라고 봐야 하니까요. 유전자가 지속적으로 오래 생존할 수 있는 안정된 복제 전략의 일환인 것이죠. 인간 사회에서 나타나는 저출산 현상도 이와 유사한 예라고 볼 수 있을 것 같습니다.

박쌤 | 새들이 어려운 조건에서 새끼의 수를 조절하는 것과 현대 사회에서 나타나는 저출산 현상은 상당히 다른 차원의 이야기 아닌가요? 저출산 현상은 경제적 조건이 어려운 저개발국이나 개발도상국이 아니라, 대체로 상당한 경제력을 갖춘 나라에서 나타나고 있습니다. 그러니까 유전자의 생존과는 다른, 문화를 비롯한 환경적인 요소에 의한 것으로 봐야 하지 않나요?

또한 저출산은 유전자에도 별로 이로운 게 아니잖아요? 한국만 해도 그래요. 한국은 1983년 출산율이 인구 대체 수준 이하로 하락한 이후 20년 동안 세계에 유례없을 만큼 저출산 현상이 지속되더니 2001년부터는 아예 초저출산 사회로 진입했습니다. 이 때문에 생산 가능 인구가 감소하고 평균 근로 연령은 상승했죠. 그러다 보니 저축, 소비, 투자의 위축 등을 불러와 경제가 어려워지는 것은 당연하고 국가 경쟁력 약화까지 우려되는 지경에 이른 겁니다. 생산 가능 인구는 2016년에 3650만 명을 정점으로 감소하고 평균 연령도 2005년에는 38세였는데, 2020년에는 41.8세, 2030년에는 43.1세로 증가할 것으로 예상된다고 하고요. 또 노인 인구를 부양하기 위해서 생산 가능 인구가 조세나 사회보장비를 더 많이 납부해야 할지도 모르는데, 만약 그렇게 된다면 세대 간의 갈등이 야기될 수 있는 가능성도 높겠죠. 노인 부양 부담도 계속 증가할 것이라는 전망입니다. 2005년에는 평균적으로 생산 가능 인구 8.2명이 노인 1명을 부양했지만, 2020년에는 4.6명, 2050년에는 1.4명이 노인 1명을 부양해야 할 정도라니까요. 이런 현상만 보더라도 저출산은 유전자의 자기복제에 유리한 방향으로 나아가기보다는 오히려 자기복제에 불리한 조건을 만들고 있는 것 아닌가요?

도킨스 ㅣ 유전자의 이기성은 종 전체의 집단적인 이익과는 구별되는 개념입니다. 집단적인 이익을 선택하는 것이 아니라 자기복제를 목표로 하죠. 예컨대 한국 사회의 경우 GDP를 비롯한 경제적인 수치의 총량은 증가하고 있지만, 사회 구성원 모두의 삶이 다 같이 풍족해지는 방향으로 가고 있는 것은 아니잖아요. 사회적 양극화가 심화되고 있다는 것은 그만큼 사회 구성원들이 앞날에 대한 불안감이 증가한다는 것을 의미합니다. 각 가정에서 자녀 수를 줄이는 것은 한정된 자원의 분산을 막으려는 행동이라고 봐야 합니다. 안정된 유전자 복제 전략의 일환인 것이죠. 물론 집단 전체적으로는 문제가 발생할 수 있지만, 자연선택은 집단적인 단위에서 일어나는 것이 아닙니다. 근본적으로는 유전자 단위에서 일어나는 것이죠.

또 주로 선진국에서 저출산 현상이 나타나는 점을 근거로 들었는데요. 인간은 동물과 달리 출산에 따른 비용 계산이 복잡할 수밖에 없지요. 저개발국의 경우는 말 그대로 먹고사는 문제만이 비용에 해당한다면, 선진국으로 갈수록 문화와 교육을 비롯해 새로운 욕구를 충족시킬 수 있는 비용이 대폭 증가하게 되니까요. 다시 말해 한정된 자원의 기준 자체가 크게 확대된 것이라고 봐야 해요. 이 기준에 비추어서 마찬가지로 안정된 복제 전략을 선택하는 경향이 나타나는 것입니다.

르원틴 | 도킨스 선생은 자연선택의 단위를 집단이 아닌 유전자 수준으로 설정하고 있는 게 큰 문제입니다. 선생이 앞에서 '결정'과 '영향'을 구분하는 논리를 펼친 것도, 자연선택의 단위를 집단이 아닌 유전자로 축소해버리면서 나타난 불필요한 구분이 아닐까 생각합니다. 생물 진화의 과정은 자연선택의 문제와 직접적인 연관을 가질 수밖에 없습니다. 유전자의 돌연변이에 의해 어떤 새로운 개체가 생겨났다고 생각해봅시다. 그런데 이 새로운 개체가 꼭 자손을 퍼뜨리면서 진화를 이끄는 것은 아니죠. 자연선택에 의해 적응력이 인정된 집단만이 진화를 이끌어나가는 힘이 되는 것입니다.

　자연선택의 단위를 집단으로 설정해야 진화에 대한 의미 있는 관찰이 가능합니다. 인간만이 아니라 동물들도 본질적으로 사회적 존재라고 봐야 해요. 즉 집단으로부터 분리되어 있는 개체라는 설정 자체는 진화적으로 의미 있는 것일 수 없어요. 예를 들어 이동하는 비비원숭이 집단을 보면 확고한 규칙을 가지고 있습니다. 서열이 높은 수컷들이 집단의 선두와 후미를 형성하고, 발정기의 암컷을 수컷한 마리가 뒤따릅니다. 새끼가 딸린 암컷에는 수컷이 한 마리씩 꼭붙어 다니고요. 그러다가 이들을 위협하는 맹수를 만나게 되면, 새끼 딸린 암컷은 집단의 중앙으로 모이고 그 주위를 수컷들이 에워쌉니다. 그리고 그중 서열이 가장 높은 수컷이 공격 준비 상태에서 적과 대치하죠. 집단생활을 하는 동물은 개별적으로 행동하는 동물보다 적에게 더 효율적으로 대처하고, 집단은 암컷과 새끼들처럼 약한 개체들을 우선적으로 보호합니다. 비비원숭이만 그런 것은 아닙니다. 미세한 곤충에서 거대한 포유류에 이르기까지 동물은 집단을 전제로 생존 능력을 높여왔어요. 그 과정에서 개체의 변이와 자연선택이 나타난 것이고요.

모든 유전자는 유전자 그 자체로 생존하는 것이 아니라 특정한 생명체와 결합되어야만 자기복제가 가능하다는 것은 선생이나 저나 모두 인정하는 바입니다. 그렇다면 당연히 진화를 연구할 때는 유전자와 더불어 개체, 그리고 그 개체가 현실적으로 생존하는 데 필수적인 집단의 문제를 함께 고려해서 각각 진화에 어떤 영향을 미치는가를 연구해야 하는 것 아닌가요? 그런데 선생은 유전자가 결정 요인이라는 결론을 이끌어내기 위해 유전자 선택이라는 이론을 앞세워서 '결정'과 '영향'을 구분하는 논리를 무리하게 펼치고 있어요. 이것은 유전자 결정을 강조하는 사람들이 입이 닳도록 강조하는 과학의 객관성을 스스로 부정하는 것입니다. 뿐만 아니라 관념적이고 주관적인 잣대로 객관적인 자연을 분해하는 논리적 오류로 보이기도 하고요.

자연선택의 단위를 집단으로 볼 때 우리는 유전적 영향과 환경적 영향이 유기적으로 작용하면서 변이를 일으키고 있음을 발견할 수 있습니다. 즉 유전자는 특정 개체가 환경에 민감한 정도에 영향을 미치고, 환경은 특정 개체의 유전적 차이가 얼마나 적절한지에 영향을 미칩니다. 둘 사이의 상호작용은 특정한 환경 집합에서 특정 순간의 특정 생물 집단에 국한해서 유전적 영향과 환경적 영향을, 그것도 통계적으로만 구분할 수 있을 뿐입니다.

박쌤 | 앞에서 칸트 선생이 문제 제기한 것들은 저 역시 도킨스 선생에게 궁금했던 점이기도 해요. 선생은 스스로 다윈주의자를 자처하고 있습니다. 그런데 다윈은 《종의 기원》에서 진화의 메커니즘을 자연선택으로 설명하면서 선택의 단위는 개체라고 했거든요. 자연선택은 개체 변이를 통해 일어납니다. 모든 생물은 다수의 자손을 퍼뜨리는데, 이 모두가 살아남는 것은 아닙니다. 이런 치열한 생존 경쟁 과정에서 환경에 잘 적응한 개체들을 중심으로 종이 보존됩니다. 환경에 부적응한 개체들은 자연도태되고요. 이 과정이 오랜 기간 반복되면서 결국 환경 적응력이 뛰어난 개체로 변이가 일어난 것이고 다윈은 이것을 자연선택으로 규정한 겁니다.

　이처럼 자연선택의 단위를 개체로 파악할 때 비로소 진화에 환경적인 요인이 개입할 수 있는 여지가 열립니다. 물론 그렇다고 해서 다윈이 유전이 아닌 환경을 강조했던 것은 아니지요. 다윈은 《종의 기원》에서 "인간은 일종의 사회적 동물이다. 따라서 배우자에게 신의를 지킨다거나 종족의 우두머리에게 복종하려는 경향을 유전적으로 타고났으리라는 것은 거의 의심할 여지가 없다. 왜냐하면 이러한 속성들은 거의 모든 사회적 동물들에게 고유한 특징이기 때문이다."라고 말합니다. 즉 인간의 사회적 행동 역시 유전적인 요인에 의해 기본적으로 결정된다는 입장이지요.

하지만 적어도 다윈처럼 유전이나 자연선택의 단위를 개체로 설정하면 환경적인 요소가 영향을 미칠 수 있는 가능성이 확보되잖아요. 그런데 도킨스 선생처럼 선택의 단위를 유전자로 축소해버리면 외적인 요소는 전혀 개입할 수 없는 성역처럼 되어버릴 것 같거든요. 선생은 왜 줄곧 다윈주의자를 자처해왔으면서도 이처럼 중대한 수정을 하는 건가요?

도킨스 | 네, 맞습니다. 저는 선택의 단위는 유전자라고 생각해요. 자연선택 또는 이기주의의 기초 단위는 종도 집단도 아니고, 엄밀히 말하면 개체도 아니라고 생각해요. 그런 점에서 다윈주의를 수정하고 있는 것도 맞습니다.

먼저 그룹선택설의 문제를 살펴볼게요. 이 이론에 따르면 개체는 종 전체의 더 큰 이익을 위해 필요하다면 희생할 수 있습니다. 다시 말해 각 개체가 자기 집단의 이익을 위하여 희생할 수 있는 종은 자기 자신의 이기적 이익을 우선으로 추구하는 다른 경쟁자 집단보다 아마 멸종의 위험이 적을 것입니다. 따라서 세계는 자기희생을 치르는 개체로 이루어진 집단이 대부분 점령하게 되죠. 이것이 바로 그룹선택설입니다. 흔히 "고등 동물에서는 종 전체의 생존을 위해서 개체의 자살이라는 행동을 하기도 한다."라는 식의 논리가 그룹선택설에 속합니다.

하지만 이런 논리는 문제가 많아요. 먼저 이들이 말하는 그룹이 도대체 어느 정도의 범위를 말하는 것인지가 분명하지 않습니다. 가족인가요? 혹은 국가, 인종, 종인가요? 아니면 전체 생물인가요? 만약 종이라고 대답해도 문제는 끝나는 게 아니죠. 만약 선택이 같은 종 내의 집단이나 다른 종 사이에서 일어난다면, 왜 더 큰 집단 사이에는 일어나지 않는 것으로 봐야 하지요? 왜 포유류의 멸종을 막기 위해 사자가 영양 대신 새나 파충류를 잡아먹는 가정을 하면 안 되는 거죠? 그룹선택설은 이런 난점에서 벗어날 수가 없어요.

또 반드시 집단을 전제로 해야만 진화에 있어서 의미 있는 설정이라고 한 르원틴 선생의 주장은 일면적이고 근거도 약하죠. 선생이 언급한 비비원숭이 집단만 놓고 봐도 그래요. 이들은 상황의 변화에 매우 잘 적응하는 것으로 알려져 있습니다. 특히 각 개체가 호기심이 매우 많아서 무엇이든지 만져보고 찾아보고 먹어보곤 하는 특성이 있지요. 그것이 위험한 것이라 하더라도 말입니다. 그러다가 물에 빠지기도 하고 다치거나 죽기도 하지만 전체적으로는 집단의 생존성이 증가한다고 합니다. 이들에게 새로운 환경이 주어지면 선택을 놓고 구성원 내에서 갈등이 높아지지만, 집단의 행동은 개체들이 왕성하게 대안 찾기를 거듭한 결과로 나타납니다. 즉 개체의 모색과 추측이 집단의 행동에 결정적인 영향을 미치는 것이라고 볼 수 있습니다. 선생의 주장과는 반대로 오히려 비비원숭이들의 행동을 통해 진화에 있어서 의미 있는 분석을 할 수 있는 것이죠.

그럼 이번에는 왜 개체가 아니라 유전자인가의 문제인데요. 저는 진화를 바라보는 제일 좋은 방법은 가장 낮은 수준에서 일어나는 선택의 관점을 갖는 것이라고 생각해요. 자연선택에 의한 진화라는 다윈의 학설을 납득할 수 있는 것은 단순한 것이 복잡한 것으로 변할 수 있는 방법, 즉 무질서한 원자가 스스로 더 복잡한 패턴을 이루어 인간을 만들어낸 방법을 보여준 것입니다. 당연히 진화와 관련된 가장 작고 낮은 단계는 유전자이고, 이와 관련하여 자연선택이 이루어진다고 봐야 해요.

르원틴 │ 선생의 주장에 대해서는 스티븐 J. 굴드(Stephen Jay Gould)의 반론이 가장 직접적인 비판일 것 같은데요. 그에 따르면 도킨스 선생의 주장에는 치명적인 결함이 있습니다. 진화에 유전자가 큰 작용을 하는 것은 분명합니다만, 유전자가 도저히 할 수 없는 것도 있습니다. 자연선택에 직접 노출될 수 없다는 결정적인 한계가 바로 그것이지요. 아무리 작더라도 완결적인 구조를 갖춘 개체만이 자연선택의 대상이 될 수 있으니까요. 유전자는 개체, 즉 생물의 신체를 이용해야만 자연과 만날 수 있잖아요. DNA의 아주 작은 조각에 불과한 유전자를 자연선택이 어떻게 볼 수 있겠어요? 아주 미세한 바이러스나 하다못해 단세포 생물일지라도, 자연과 직접 접촉할 수 있는 개체만이 자연선택의 단위가 될 수 있습니다.

또한 유전자는 낱개로 분할되어 생명체에 영향을 미치는 것이 아닙니다. 그렇게 존재하지도 않고요. 아무리 작은 생명체라 하더라도 유전자는 다수 유전자의 혼합물로서 기능을 하죠. 혼합의 방식과 상태에 따라서 서로 다른 개체의 특징이 만들어지는 것이고요. 오늘날 독립생활을 하는 최소의 자기 생산적 존재로 꼽히는 것은 아마 혐기성 박테리아일 것입니다. 그런데 이 작은 박테리아조차도 3000개의 유전자와 이를 둘러싸고 있는 단백질을 가지고 있습니다. 여기에서 중요한 것은 유전자의 복잡한 결합 방식이 환경의 영향을 받을 수밖에 없다는 점이죠. 혐기성 박테리아에서조차 탄소, 수소, 질소, 산소의 결합 원자들이 물질대사계에서 순환적으로 상호작용을 해요. 유전자인 DNA가 작용하기 위해서는 활동적인 RNA가 필요하기도 하고요. DNA와 RNA가 합세해 세포 구조물을 이루는 단백질을 만들고, 유전자를 잘라내거나 이어주는 효소를 만들죠. 소위 유전자 암호라는 것은 사실상 DNA 염기 배열의 명령을 셀 수 없을 만큼 다양한 단백질의 아미노산 배열과 대응시키는 것을 말합니다. 이런 복잡한 과정은 환경적인 조건과 떼려야 뗄 수 없는 관계를 맺고 있고요. 그러므로 유전자의 단위로까지 내려가서 보더라도 환경은 결정적인 역할을 할 수밖에 없는 것이지요.

도킨스 | 그런 논리로는 지구상에 생명이 어떻게 출현하고, 어떻게 자기복제를 통해서 발전해 현재에 이르렀는지를 설명할 방법이 없습니다. 자연선택이란 이 모든 과정을 포함해야 하는 것 아닌가요? 그렇지 않으면 성숙한 개체가 갑자기 어디선가 불쑥 생겨난 것을 전제로 해야 하잖아요. 하지만 이런 설정은 진화론에 관한 초보적인 지식을 갖고 있는 사람이라면 누가 봐도 말이 안 되는 것이죠.

유전자 선택을 이해하기 위해서는 지구에 최초의 생명이 탄생하던 과정을 생각해보는 것이 가장 쉬울 것입니다. 지구가 처음 형성되었을 때부터 유기체가 있었다고 가정하는 것은 과학적으로 상대할 가치가 없는 무지한 논리일 것입니다. 적어도 우리가 창조론을 주장하는 것이 아니라면, 생명이 탄생한 사건에서부터 문제를 풀어가야겠죠. 이미 1871년에 다윈은 이에 대해 "온난한 작은 연못에서 온갖 종류의 암모니아와 인산염, 빛, 열, 전기 등에 의해 화학적으로 생성된 단백질 화합물이 잉태되었고… 이제 한층 더 복잡한 변화를 겪으려 하고 있다."라고 했습니다.

미국의 학자인 스탠리 밀러(S. L. Miller)는 지구의 초기 환경이라고 생각했던 것을 모형화해서 실험을 했습니다. 먼저 모조 해양에 해당하는 증류수를 담은 플라스크를 모조 대기에 해당하는 기체로 채웠습니다. 그리고 일주일 동안 번개의 역할을 하는 전기 방전으로 소우주격인 유리 플라스크에 충격을 가했습니다. 그 결과 플라스크에서 생물체의 단백질을 구성하는 필수아미노산인 알라닌과 글리신이 다른 많은 화합물들과 함께 자연적으로 생겨났어요. 과학자들은 이러한 실험실을 통해 무로부터 뭔가를 만들어냄으로써 생물의 기원에 대한 실증적 단서를 제공했습니다. 무기물에서 유기물로의 변화라는 현대 과학의 결론을, 다윈은 이미 몇백 년 전에 밝혔던 것이고요.

문제는 여기에서 시작됩니다. 만약 이 최초의 생명이 자기복제를 하지 않고 일회적인 것으로 끝난다면, 우리가 연구하는 의미의 '생명'이라고 보기 어렵겠죠. 연구 대상으로 삼을 수 있는 생명이란 자기복제 기능이 있는 것이어야만 합니다. 그런 생명, 즉 자기복제자는 생물학에서 흔히 원시 수프라고 말하는 무형의 상태 속에서 떠돌아다녔을 것입니다. 그러다가 어떤 자기복제자가 유리한 복제 형식을 찾아냈을 테고 생존 확률이 높아졌겠죠. 그 형식이 바로 '세포'였을 것입니다. 자기복제자가 단순히 일회적으로 존재하지 않고 계속 존재하기 위해 운반체를 만들어낸 것이죠. 살아남은 자기복제자는 자신의 생존 기계를 만드는 데 성공한 것들이고, 바로 그 생존 기계가 '개체'인 것이죠.

이렇듯 가장 간단한 것에서 원인을 찾을 때 근본적인 결정 요인을 확인할 수 있는 것입니다. 당연히 그 요인은 자기복제자, 즉 유전자라고 봐야 하고요. 자연선택 과정에서 유전자들은 그들이 속한 환경 속에서 번성하는 능력에 의해 선택됩니다. 그런데 여기에서의 환경이란 외부 세계가 아니라 각 유전자가 만나는 다른 모든 유전자를 뜻합니다. 그렇다면 한 유전자가 다른 유전자와 만나는 곳은 과연 어디일까요?

우선, 대부분은 개체의 몸을 이루는 세포들 속에서 만나게 됩니다. 유전자는 이 몸 세포들 속에 있고요. 각 유전자는 몸속에서 만날 확률이 높은 다른 유전자 집단과 성공적으로 협력할 능력이 있을 때 선택된다고 할 수 있습니다. 그렇기 때문에 선생이 말한 유전자들의 조합이 만들어지기 위해서도 유전자 자체가 선택의 대상이 되어야만 하는 것이지요.

박쌤 | 도킨스 선생이 방금 강조한, 가장 간단한 것에서 원인을 찾을 때 근원적인 결정 요인을 확인할 수 있다는 사고 자체가 문제라는 지적도 있습니다. 일종의 환원주의적인 오류를 범하고 있다는 비판이지요. 환원주의는 복잡하고 추상적인 현상을 단순하거나 단일한 요소를 통해 설명하려는 경향을 말합니다. 과학에서는 직접적인 관찰이 어려운 개념이나 법칙을 실증적인 관찰이 가능한 몇 가지 명제

로부터 설명하려는 것으로 나타났죠. 생물학에서는 생명 현상 등을 화학이나 물리학과 같은 경험 과학에 기초해 해명하려 했고요. 간단하게 말하자면, 단순한 요소와 원리로 복잡한 현상을 규명할 수 있다는 신념인 것이죠. 그런 점에서 환원주의는 근대 과학의 특징인 기계론적 세계관과 닿아 있는 지점이 많은 것 같습니다.

근대의 기계론적 세계관에 기초해 환원주의를 대표하는 철학자로는 데카르트를 꼽을 수 있겠는데요. 데카르트는 생물이 단순한 기계라는 것을 증명하기 위해, 육체의 동작과 생물학적 기능이 어떻게 기계적 조작으로 환원되는가를 "우리는 시계, 인공폭포, 도정기(搗精機), 기타 유사한 기계를 가지고 있다. 이것들은 비록 사람이 만든 것이지만 각종 방법으로 스스로 움직일 수 있는 힘을 갖고 있다. 나는 장인(匠人)이 만든 기계와 자연만이 만드는 각종 생물체 사이의 차이를 인정할 수 없다."라고 설명하고 있습니다.

데카르트 시대에 시계 제조는 다른 자동 기계의 모델이 되었죠. 데카르트는 동물을 '치차(齒車)와 태엽으로 구성된 시계'에 비유하면서, 이를 더욱 확대해 인간에게도 비유하였습니다. 그는 "나는 인간의 육체를 하나의 기계라고 생각한다. 병든 사람은 잘못 제조된 시계, 건강한 사람은 잘 제조된 시계에 비유될 수 있다."라고까지 말했죠.

이런 환원주의는 생물학에도 큰 영향을 준 것으로 보입니다. 특히 살아 있는 유기체에 대한 데카르트의 생각은 생명 과학의 발전에 큰 영향을 주었던 것 같고요. 지난 300년 동안, 살아 있는 유기체를 구성하고 있는 기계를 정확히 기술하는 것이 생물학자, 의학자, 심리학자 들의 중요한 해결 과제였으니까요. 그중에서도 급진적인 환원론자들은 생명 현상을 순수한 물리적인 현상으로 다 설명할 수 있다고 보았지요. 화학이나 물리학을 통해 생명의 비밀을 모두 밝힐 수 있다고 보았습니다. 특히 현미경 기술이 발달하고 세포의 구조에 이르기까지 미시적인 부분에 대한 관찰이 가능해지자, 생명 현상을 물질적으로 설명할 수 있는 가능성이 획기적으로 높아졌다는 확신이 설득력을 얻게 되었죠. 화학의 발달은 단순히 세포의 구조만이 아니라 그 구성 성분까지 세세하게 분류할 수 있는 단계에 도달함으로써 힘을 보탰고요.

유전자의 결정적 역할을 논증하는 도킨스 선생의 주요 논거에는 데카르트의 기계론과 환원주의 그림자가 짙게 드리워져 있는 것 같습니다. 유기체의 복잡한 구조, 더 나아가서 그 복잡성을 비약적으로 증가시키는 행동 양식까지도 유전자의 단순한 원리를 통해 설명할 수 있다는 설정 자체가 환원주의적인 시도의 일환으로 보이기도 하고요.

도킨스 | 제가 박쌤이 말한 환원주의와 무관하다고 말하고 싶은 마음은 전혀 없어요. 오히려 저는 과학적인 진전을 위해서는 환원주의에 대한 적극적인 태도가 필요하다고 봅니다. 현상의 복잡성을 단순한 원리를 통해 설명하려고 하는 환원주의는 근대 과학과 떼려야 뗄 수 없는 관계니까요. 이것을 부정하는 것은 자칫 근대 과학 자체를 부정하는 것과 같은 오류를 범할 수 있습니다. 지금까지 과학의 발전을 이끌어왔던 힘, 복잡한 현상을 불러일으키는 궁극적이고 단순한

원리를 찾는 일을 포기해서는 안 된다고 생각해요.

르원틴 | 환원을 통한 원리의 발견을 전적으로 부정하는 것은 곤란하겠죠. 하지만 선생의 문제는 너무 심각한 방식으로 환원주의가 나타나고 있다는 것입니다. 모든 생명 현상을 유전자의 자기복제 기능으로 설명하려는 선생의 환원주의는, 생명 현상에 대한 종합적인 이해를 방해합니다. 생명은 개별 유전자는 물론이고, 신체의 각 부분을 넘어서는 종합적이고 총제적인 현상이잖아요. 더 나아가서는 개별 생명체만이 아니라 다른 생명체와의 관계와 변화무쌍한 자연을 전제로 해 나타나는 것이고요. 그러니까 생명 현상은 이 모든 것에 대한 고려와 접근을 통해서만 의미 있는 분석과 설명이 가능한 것이죠.

선생처럼 부분적인 것에 집착하는 사고는, 필연적으로 나무만 보고 숲은 보지 못하는 오류에 빠지게 됩니다. 복잡한 것은 복잡하게, 종합적인 것은 종합적으로, 복합적인 것은 상호관계를 통해 접근할 때 우리는 진실에 보다 가까이 갈 수 있을 것입니다. 그런데 선생은 이를 사실상 부정하는 태도를 보이고 있잖아요. 생물체의 생물학적 행위를 이기적 유전자의 보존을 위해서 이루어지는 것으로 규정하고, 생물학적 체계에 해당하는 몸을 이기적인 유전자를 존속시키기 위한 보조 도구에 지나지 않는 것으로 보고 있으니까요. 다시 한 번 말하지만, 생명 현상을 연구할 때, 생물체의 거시적인 행위에 대해 기계론적 환원주의 방식으로 접근하면 생명의 본래 가치를 제대로 이해할 수 없게 됩니다.

도킨스 | 글쎄요~ 생명의 본래 가치니 뭐니 하는 것은 저의 관심 대상이 아닙니다. 저는 진화론에 따른 도덕성을 주장하려는 것이 아니라, 사물이 어떻게 진화되어왔는가를 말할 따름입니다. 또 인간이 도덕적으로 어떻게 행동해야 할 것인가를 말하려고 하는 것도 아닙니다. 우리는 '어떠해야 한다'는 주장과 '어떠하다'는 진술을 명확히 구별해야 해요. 저는 전적으로 후자에 속하는 이야기를 하고 있는 것입니다.

과학자로서, 또한 진화론자로서 우리는 궁극적인 원인이 무엇인지 찾는 것을 포기해서는 안 됩니다. 저는 이에 대해 답하고 있을 뿐이에요. 선생의 주장대로 개체를 이루는 데 여러 가지 요소가 영향을 미치겠죠. 그런데 그 요소들 사이의 관계가 어떠한 것이냐 이겁니다. 이를 규명하지 않고 과연 과학자로서의 책임을 다하고 있다고 말할 수 있을까요? 아마 저의 주장에 신경질적인 반응을 보이고 있는 상당수의 사람들은 인간이, 좀 더 구체적으로 말하자면 인간의 뇌라는 것이 유전자와는 독립적인 특성을 지닌 무엇이라는 점을 강조하고 싶을 것입니다. 저 역시 인간의 뇌가 가진 상대적 독립성에 대해서는 어느 정도 인정하는 편입니다. 인간의 뇌는 대단히 특수한 경우에 속하죠. 하지만 인간의 뇌조차도 유전자가 일차적인 방침 결정자입니다. 뇌는 집행자에 불과해요. 인간 뇌의 독립성은 다른 종과의 '상대적' 차이에 불과할 뿐이라는 점이 중요합니다.

유전자는 생존 기계와 신경계를 조립하는 방법을 명령합니다. 따라서 생존 기계의 행동에 궁극적인 영향력을 미치죠. 다만 특수하게도 인간의 뇌가 고도로 발달함에 따라 방침 결정의 역할을 한정적으로 맡게 된 것입니다. 하지만 유전자의 입장에서는 궁극적이고 종합적인 방침을 뇌에 이미 내려놓은 상태이고, 인간은 이 틀 내에서 부분적인 결정을 하는 것이라고 봐야 해요. 쉽게 말하자면, 유전자는 당신더러 우리를 살리는 데 좋다고 생각하는 것이라면 무엇이든지 해도 좋다는 명령을 내린 것입니다. 그러니까 궁극적인 결정은 유전자에 의해 이미 내려져 있는 것이죠. 만약 이것을 환원주의라고 한다면 저는 기꺼이 환원주의자가 되겠습니다.

박쌤 ┃ 유전자의 역할, 특히 유전자와 생물 개체와의 관계에 대한 논의를 하고 있는데요. 두세 가지 정도의 논쟁점만 다루었는데도 벌써 상당한 시간이 흘렀네요. 일단 이 논쟁에서 가장 핵심이 되는 것들을 다루긴 했습니다. 두 분이 가지고 있는 견해 차이가 어디에서 뚜렷하게 갈라지는지도 잘 확인할 수 있었고요.

아무래도 사회생물학 논쟁이다 보니 생물학, 특히 유전학과 관련된 용어들이 종종 튀어나와서 우리 독자들이 머리에 쥐가 좀 날 것 같습니다. 하하~ 그래도 두 분이 가급적 전문 용어를 자제하고 알기 쉬운 예를 들어가며 의견을 개진해주어서 고맙습니다.

사회생물학 논쟁 과정과 논쟁의 주인공들

사회생물학 논쟁의 의미

사회생물학은 인간의 존재와 행위의 기초를 유전자에서 찾으려는 생물학적 환원론이다. 1975년에 에드워드 윌슨의 《사회생물학》, 그 이듬해에 리처드 도킨스의 《이기적 유전자》가 출판된 후 전 세계에서 사회생물학에 대한 관심이 폭발적으로 일어났다. 윌슨은 집단 생물학과 유전학을 도입해서 하등 생물에서 고등 사회성 생물, 그리고 인간 집단에 이르기까지 일관적으로 적용되는 통일된 생물학적 관점을 제시했다. 그는 생물은 각각의 종을 구성하는 유전자를 기초로 우연히 구성된 유전자 조합이며, 인간을 포함한 생명체의 사회적 행동은 생명체의 유전자와 환경 사이의 오랜 상호작용의 결과일 뿐이라고 주장한다. 생물체의 주요 기능은 유전자를 재생산하는 것이며, 생물체는 단지 유전자의 임시 운반자로서의 역할을 담당할 뿐이라는 것이다.

이에 대해 굴드와 르원틴 등은 윌슨의 주장이 지니고 있는 위험성을 즉각적으로 지적하고 나섰다. 이른바 '민중을 위한 과학의 사회생물학 연구 그룹'에 속하는 이 과학자들은 6개월 동안 이 책에 대한 토론회를 거쳐 《뉴욕서평》에 윌슨의 사회생물학의 기본적인 견해에 반대하는 입장을 공개적으로 표명했다. 이후 사회생물학과 문화적 결정론, 환경 결정론 사이에 불꽃 튀는 논쟁이 벌어졌다. 그리고 이제는 현대 사회의 주요 논쟁 중에 빠질 수 없는 중요한 위치를 차지하고 있다.

최근 생명공학이 급속한 발전을 이루어 인간의 유전 정보를 해독할 수 있는 인간게놈 프로젝트가 거의 완료되어가고 있다. 이런 상황 때문에 사회생물학과 연관된 주요 논쟁점은 실천적인 측면에서도 중요한 문제로 부각되고 있다. 인간게놈 프로젝트는 단지 이론적인 영역에 머무는 것이 아니라, 인간의 사회적인 삶에 직접적인 영향을 미치는 것으로 사용될 가능성이 대단히 크기 때문이다. 따라서 이와 관련하여 현재 의료로서의 이용, 인간 정체성에 대한 문제, 나아가서는 사회적인 통제 수단의 가능성 문제에 이르기까지 폭넓게 논쟁이 이어지고 있다.

사회생물학 논쟁의 과정

사회생물학의 이론적 기반으로는 현대 생물학에 지대한 영향을 끼친 다윈의 진화론과 멘델의 유전학을 들 수 있다. 다윈은 《종의 기원》에서 환경에 가장 적합한 형질을 가진 개체만이 살아남아 번식함으로써 진화했다는 적자 생존설을 주장했다. 또한 멘델의 유전학은 생물의 형질을 결정하는 불변의 인자(당시에는 유전자의 존재가 알려져 있지 않았다)를 가정하고 이것이 어떻게 작용하는지를 파헤쳤다. 멘델은 생물의 형질에 영향을 끼치는 유전자가 분명히 존재하며, 우성 유전자가 열성 유전자를 압도해 발현된다는 것을 실험으로 증명했다. 즉 진화란 열성 유전자에 대한 우성 유전자의 승리의 기록이라는 것이다. 이 같은 멘델의 유전 법칙은, 생물의 설계도라고 할 수 있는 유전자의 존재를 입증함으로써 유전자를 해독하면 생물체의 형질을 미리 알 수 있다는 생각을 퍼트렸다. 또한 다윈의 진화론에 탄탄한 이론적 뒷받침을 제공하기도 했다. 다윈의 진화론에 영감을 얻어서 사람의 마음도 신체 기관들처럼 생물학적 적응을 통해 진화한다고 주장한 미국의 심리학자 윌리엄 제임스도 같은 흐름에 있다.

한편, 인간의 행동은 유전자가 아니라 환경의 지배를 받는다는 비판적 견해가 날카롭게 제기되었다. 인간의 마음은 오로지 경험에 의해 결정된다는 경험론 진영의 권위자들이 생물학적 결정론자들에 맞서 팽팽한 대결을 벌인 것이다. 행동주의 심리학의 창시자인 미국의 존 왓슨은, 러시아 생리학자 이반 파블로프의 조건반사 이론을 발전시켜 단지 훈련만으로도 성격을 임의대로 바꿀 수 있다고 했다. 오스트리아의 정신분석학자 지그문트 프로이트는 어린 시절의 경험이 사람의 마음에 결정적인 영향을 미친다고 주장했다. 또 문화인류학을 개척한 독일의 프란츠 보아스는 인간을 본성으로부터 자유롭게 하는 것은 문화라고 강조했으며, 사회학의 창시자인 프랑스의 에밀 뒤르켐은 사회적 현상은 생물학적 요인으로는 설명될 수 없다고 보았다.

현대 사회생물학 논쟁의 주인공들

사회생물학은 약 수십 년 전부터 일반인들에게 알려지기 시작했고, 그 이후 지금 우리가 알고 있는 사회의 영속성을 정당화하는 지배적인 이론이 되었다.

다윈의 이론에 입각하여 '인간을 포함한 모든 동물의 사회적 행동을 체계적으로 연구하는 학문'인 사회생물학은, 1970년대부터 분자생물학의 후광을 입고 유명해지기 시작하였다. 여기에 결정적인 기여를 한 사람이 하버드대학의 교수이면서 곤충의 사회적 행동 분야 연구에서 탁월한 업적을 빛낸 에드워드 윌슨이다. 윌슨은 무엇보다 개미생물학의 세계 제1의 권위자다. 그는 벌, 개미, 흰개미 등 이른바 사회성 곤충들의 행동과 그들이 구성하여 살고 있는 사회의 구조가 원숭이나 심지어는 인간의 사회적 행동과도 일맥상통한다는 점을 일깨움으로써 생물학을 비롯한 많은 학문에 자극을 주었다.

윌슨은 생물학과 사회과학의 종합을 시도했다. 다양한 동물의 공동체 구조, 생리학이나 생태학과 같은 생물학 분과 학문의 도움을 받아 갖가지 사회적 행동 양식의 인과적 설명 가능성을 추구했는데, 그 이론적 근거를 진화 생물학에 두고 있었다. 그 가운데에서도 유전자의 역할을 특히 강조했다. 심지어 《사회생물학》에서는 "사회생물학이 규명하는 원리들은 인간과 그의 '문화적 행위'에도 타당하게 적용되므로 문화인류학과 사회학은 생물학 내지 사회생물학의 특수 분과로 축소 통합될 수 있다."라고 주장하기도 했다.

윌슨의 관점을 이론적으로 끝까지 밀고나간 학자가 바로 리처드 도킨스이다. 그는 유전자의 특징을 이기주의로 규정한다. 자기를 효과적으로 복제하는 것이 유전자의 근본적인 목적이라는 의미에서 이기적이라는 것이다. 이런 관점에서 보면 생물 개체는 이기적인 유전자의 목적을 실현하기 위한 수단이자 도구에 해당한다. 모든 생물은 유전자에 의해서 프로그램된 생존 기계에 불과하다는 것이다. 당연히 인간도 여기에서 벗어날 수 없다.

이후 윌슨과 도킨스를 중심으로 '유전적 요인과 환경·문화적 요인 중 어떤 것이 인간의 본질을 더 잘 설명할 수 있는가'라는 주제를 중심으로 한 격렬한 논쟁이 전개되었다.

사회생물학은 두 가지 이론 때문에 거센 비판을 불러일으켰다. 하나는 다윈주의 진화론에 기초한 유전자 결정론이고, 다른 하나는 생물학 법칙과 원리에 입각한 인문학과 사회과학의 자연과학으로의 통합론이다. 비판은 사회과학이나 인문학 분야만이 아니라 생물학 분야로부터도 쏟아졌다. 특히 마르크스주의 사회과학자와 생물학자의 비판은 그 강도가 더욱 통렬했다.

특히 도킨스의 이론은 너무나 급진적인 나머지 여러 방면에서 반발이 나타났다. 가장 크게 반발하는 사람들은 역시 각국의 종교인들과 철학자들이었다. 한낱 생명체의 설계를 담당하는 물질인 유전자가 생명체의 형질은 물론 정신과 사회적 행동까지 좌우한다는 것은, 인간의 감정과 정신까지 철저히 물질에 예속된다는 극도의 유물론적 주장과 같기 때문이다. 이들은 인간이 사회·문화적 존재이며 문화, 도덕, 인간관계에는 유전을 뛰어넘는 무엇이 있다고 주장한다. 하지만 이들이 지적한 유전자 결정론의 더 큰 위험성은 그 이데올로기적 함의에 있었다.

　세상이 비열한 유전자들의 싸움터라면 유전적으로 열등한 여성이 남성보다, 흑인이 백인보다 뒤쳐지는 것은 당연한 것이라거나, 범죄는 사회적 불평등 같은 환경보다는 유전적 결함에서 기인하는 것이라는 과학적 주장도 가능하기 때문이다. 만약 범죄가 유전적 특성이라면 교화나 학습으로는 도저히 바로잡을 수 없을 것이다. 그래서 일부에서는 생물학을 인종우월주의에 이용했던 나치의 망령이 부활하는 게 아니냐며 강하게 반발했다.

　윌슨과 도킨스에 대한 공격에 하버드대학 생물학과 교수인 르원틴과 굴드가 앞장섰다. 이들을 포함해 35명의 과학자들이 집단 토론을 거쳐 윌슨과 도킨스의 주장이 계급주의, 인종차별, 성 불평등, 제국주의 등 온갖 정치적 불합리를 지지하는 이론이라고 비판했다.

사회생물학은 어떤 사회적, 정치적 역할을 하는가?

박쌤 ㅣ 이번에는 사회생물학의 사회적, 정치적 역할에 대한 논의를 하겠습니다. 사회생물학은 이미 개념 자체에서 과학에 해당하는 생물학을 사회에 적용하는 의미를 지니고 있습니다. 그래서 사회생물학 논쟁은 단순히 과학적 측면에 머무는 것이 아니라 사회적인 영역으로 확대되어왔죠. 여러 측면에서 논의가 가능할 것 같은데요.

먼저 사회생물학이 '현대판 우생학'이라는 비판부터 시작해보겠습니다. 우생학이란 인류를 유전학적으로 개량하는 것을 목적으로 하는 학문을 말하는데, 이를 통해 우수한 유전자를 가진 인구를 증가시키고 열등한 유전자를 가진 인구는 감소시키는 것을 목적으로 합니다. 독일의 나치가 시행했던 우생 정책은 극단적인 사례에 해당한다고 할 수 있겠죠. 현대 사회에서는 이와 관련한 주요 논쟁으로 인간게놈 프로젝트와 인간복제 문제를 꼽을 수 있을 것 같습니다.

인간게놈 프로젝트(Human Genome Project) 논란부터 살펴보죠. 이 프로젝트는 인간이 가진 모든 유전자의 위치와 염기 서열을 파악해 질병을 근본적으로 치유하겠다는 목적을 가지고 있어요. 도킨스 선생을 비롯한 사회생물학자들이 강조하는 DNA는 생물학의 영역을 넘어 사회적으로 중요한 상징물이 되었습니다. 인간게놈 프로젝트에 대해 전 세계의 신문과 TV는 한결같이 "인류 역사상 가장 중요한 사건 중 하나", "신이 인간을 창조한 언어를 이해하는 과정에 들어선 사건"이라고 격찬했습니다. DNA 이중 나선 구조를 차용한 온갖 기호와 장식들은 서적, 회사 로고, 간판 등에서 우리 시대를 나타내는 대표적인 상징물로 자리를 잡아가고 있어요. 이에 대해 르원틴 선생은 줄기차게 비판적 입장을 견지해온 것으로 알고 있는데요.

르원틴 │ 인간의 특징을 유전자가 결정한다고 보는 도킨스 선생과 같은 입장은 우생학의 오류를 다시 부활시키는 역할을 합니다. 그런데 우려스럽게도 이 유전자 결정론이 인간게놈 프로젝트를 통해 전 세계로 확산되고 있어요. 이 프로젝트는 유전자가 인간을 비롯한 모든 생물을 결정하며, 유전자를 해석하기만 하면 인간의 모든 것을 알아낼 수 있다는 생각이 만들어낸 황당한 프로젝트라고 할 수 있습니다. 이런 발상의 문제는 일차적으로 유전자 조작을 통해 온갖 질병을 치료할 수 있다는 잘못된 확신을 유포하는 것이고요. 나아가서는 유전자 조작을 통해 인간의 정신적 특성까지도 좌지우지할 수 있다는 생각으로 발전할 수 있다는 점도 문제입니다. 앞에서도 강조했지만, 인간은 유전자로 환원될 수 없어요. 유전자의 작동 방식이 컴퓨터의 프로그램과는 크게 다르기 때문입니다. 저는 인간게놈의 염기 서열이 우리에게 인간이 무엇인지를 밝혀주고, 우리 자신에 대한 철학적 견해를 바꿔주고, 생명이 어떻게 작동하는가를 보여줄 궁극적인 성배(聖杯)라는 주장을 전혀 신뢰할 수 없습니다.

도킨스 | 우리는 과학을 유용하게 이용할 필요가 있어요. 인간게놈 프로젝트를 통해서 유전병의 원인을 규명하고 근본적인 치료를 할 수 있는데 우리가 왜 여기에 반대해야 하죠? 하늘이 내린 천벌로 불리는 다양한 유전병 때문에 얼마나 많은 인간이 고통을 받고 있습니까? 유전성 알츠하이머병, 헌팅턴 무도병, 낭포성 섬유증, 겸형 적혈구 빈혈증 등 수많은 유전병이 인간의 생명을 위협하고 있습니다. 뿐만 아니라 유방암, 대장암 등의 암과 에이즈를 비롯해서 아직까지 인류가 극복하고 있지 못하고 있는 난치병들도 유전자와의 관계가 밝혀진다면 치료와 예방을 위한 새로운 길이 열릴 수 있어요. 유전병을 일으키는 결함 유전자의 위치를 염색체에서 확인하고, DNA 염기 서열에서 질병의 인과관계를 파악함으로써 치료법을 발견해낸다면 인간은 유전병 극복의 신기원을 열 것입니다.

르원틴 | 과연 그럴까요? 유전자는 컴퓨터 프로그램의 결과와는 달리, 개체를 이루는 많은 유전자들이 발현 과정에서 서로 상호작용하

는 과정을 통해 개별 유전자의 속성과는 전혀 다른, 새로운 속성을 나타냅니다. 인간의 유전자 수는 약 3만 5000개 정도에 이릅니다. DNA 염기 서열은 무려 30억 쌍에 이르고요. 현재까지 최소한 3~5억 달러가 투입된다는 이 계획이 실현되어 모든 염기 서열의 지도를 만들었다고 가정해봅시다. 그러면 유전병의 인과관계를 파악한 것일까요? 말도 안 되는 얘기죠. 이것이 어려운 이유는 DNA 염기들이 고정된 역할을 하는 것이 아니라, 상호작용하는 가운데 다양한 방식으로 활동하기 때문입니다. 염기 서열의 지도를 만드는 것도 어려운데, 심지어 30억 쌍에 이르는 것들의 복잡한 상호작용을 이해할 수 있을 것이라고 예상하나요? 그에 필요한 천문학적인 재정은 어떡하고요?

또 유전자 정보가 개인마다 다른데, 이건 어떻게 해결하죠? 염기 서열 정보를 인과적으로 전환시키는 데에서 발생하는 큰 문제는 사람의 게놈이 개인마다 다르다는 점입니다. 인간게놈 프로젝트에 의한 DNA 염기 서열의 최종 목록은 어떤 사람의 DNA와도 정확히 일치하지 않을 것입니다. 평균적인 사람들의 가상 DNA를 모자이크 해놓은 것에 불과하겠죠. 표준 염기 서열이 결함을 가진 유전자의 부호인지 여부를 알 수 있는 유일한 방법은, 여러 개인들로부터 얻은 게놈의 동일한 부분의 염기 서열을 해독하는 것뿐입니다. 이런 문제들을 해결할 방법이 있기는 할까요?

게다가 DNA 염기 서열에 대한 지식을 갖춘다고 유전병의 치료가 실현되는 것도 아닙니다. 유아기부터 발달 정체를 일으키는 진행성 중추신경증인 테이색스병을 일으키는 유전적 돌연변이에 대해서는 많은 사실이 밝혀지기는 했습니다. 왜냐하면 그 유전자의 영향을 받는 특정한 효소가 매우 구체적이고 단순한 기능을 갖고 있었거든요. 그래서 비교적 수월하게 염색체상의 위치나 염기 서열상의 이상을 발견할 수 있었던 것입니다. 그러나 치료법과 관련해서는 아무런 진전이 없는 것이 현실입니다.

도킨스 | 현대 기술의 발전 속도를 염두에 두면서 생각할 필요가 있다고 봅니다. 저 역시 모든 유전병의 원인을 밝혀내 인간게놈 프로젝트가 몇 년 내에 대중적으로 실용화되리라고 기대하는 것은 아닙니다. 하지만 지금부터 준비해야 인류의 전망을 대비할 수 있는 것 아닌가요? 과학이나 의학의 진전이라는 게 대부분 이런 오랜 과정을 거쳐서 오늘날 실현되고 있는 것 아닌지 궁금합니다.

선생 말대로 유전자의 작용은 복잡한 데다가 개인마다 차이가 있는 것도 사실입니다. 그렇다고 해서 약 3만 5000개에 이르는 유전자 모두가 저마다 다른 것은 아니잖아요? 우리가 부모로부터 받는 DNA 중에 약 0.1퍼센트만이 차이가 날 뿐이죠. 한 사람의 DNA는 다른 사람의 DNA와 딱 그 정도만큼의 차이가 있는 것이고요. 일단 표준 염기 서열 지도가 완성되고 나서 이 지도를 확인하는 과정을 기술적으로 모델화하면, 나머지 개인적인 차이에 해당하는 것을 확인하는 작업도 점점 빨라질 것입니다. 특히 컴퓨터 기술의 발달이 큰 역할을 하겠죠.

비용 문제도 마찬가지예요. 모든 기술이 그러하듯이 기술의 발전은 대폭적인 비용 절감을 가능하게 합니다. 컴퓨터만 해도 그렇죠.

20세기 중반에 만들어진 최초의 컴퓨터 애니악은 건물 한 채만 한 크기였습니다. 이를 개발하기 위한 비용도 엄청나게 들어갔고요. 하지만 기능은 지금의 전자계산기 수준밖에 안 됐어요. 그런데 컴퓨터 기술이 발달한 지금은 어떻습니까? 불과 반세기 만에 당시에는 상상도 할 수 없을 만큼 싼 가격으로, 애니악과는 비교할 수 없을 정도로 복잡한 기능을 순식간에 처리할 수 있게 된 것 아닙니까?

물론 염기 서열을 안다고 해서 치료제가 바로 만들어지는 것은 아닙니다. 유전자의 개인적인 차이까지 확인하고 비교할 수 있는 기술을 개발하는 데도 상당 기간이 걸리겠지만, 이를 바탕으로 실용화할 수 있는 치료법을 개발하는 작업도 적지 않은 기간이 소요됩니다. 하지만 어렵고 오랜 기간이 걸린다는 것이 그 작업을 포기해야 하는 이유가 될 수 있나요? 유전자를 통한 질병 치료는 장기적인 관점에서 볼 필요가 있어요.

르원틴 | 백보 양보해서 특정한 유전병에 대해 당장 효과를 볼 수 있는 치료법이 만들어졌다고 가정해봅시다. 중요한 것은 유전자 치료가 우리의 일시적인 몸, 즉 체세포에만 영향을 미치는 것이 아니라는 겁니다. 생식 세포에 우연히 변화를 일으켜서 미래 세대의 몸에까지 영향을 줄 수 있어요. 설령 우리의 의도가 환자의 일시적인 몸에 적절하게 기능하는 유전자들을 제공하는 것이었다 할지라도, 이식된 DNA의 일부가 미래의 정자나 난자 세포에까지 들어가서 그 세포들을 변형시킬 수 있다는 것이죠. 그렇게 되면 미래 세대들은 태어나기도 전에 유전자 치료를 받게 되는 셈입니다. DNA가 미칠

영향에 대한 그릇된 계산 때문에 까마득한 후손들에게까지 무거운 짐을 지우는 꼴이죠.

도킨스 | 그런 논리대로라면 자연 치료를 제외한, 인류가 과학이나 의학을 통해 만든 인위적인 치료법 대부분이 문제가 되지 않나요? 서양 의학에서 사용하는 의약품의 상당 부분은 화학 합성물이잖아요. 또 여러 종류의 약을 복용할 때 각각의 의약품을 구성하고 있는 화학물질이 체내에서 섞이면서 어떤 반응을 일으킬지 모두 아는 것도 아니고요. 선생은 오늘 첫 번째 주제에 대한 논쟁에서, 주변 환경이나 미세한 화학 작용에 의해 개체에 수많은 변화가 생길 수 있다고 얘기했습니다. 그러면 온갖 약품들이 체내에서 화학 작용을 하다가 아직 인류가 밝혀내지 못한 어떤 작용 때문에 생식 세포에 우연한 변화를 일으켜, 장기적으로 미래 세대의 정자와 난자에 예상치 못한 영향을 미칠 수도 있는 것 아닌가요? 선생의 논리대로라면 그런 의약품 모두를 사용해서는 안 된다고 주장해야 일관성이 있는 것 아닌가요? 하지만 그렇게 주장하지는 않겠죠. 그러면 서양 의학 일반을 부정하는 것이 될 테니까요. 그런데 왜 유독 유전자를 이용한 치료에는 아주 작은 가능성 하나에까지 각을 세우는지 이해가 안 되네요.

　과학에 의해 만들어진 인위적인 약품이나 치료법은 모두 어떤 부작용의 가능성을 항상 안고 있습니다. 그 모든 것을 완벽하게 다 예측하는 것은 사실상 불가능하기도 하고요. 인간의 한계에 속하는 문제라고도 할 수 있죠. 그럼에도 우리가 완벽하지 않은 치료법을 사용하는 것은 병이 주는 고통과 부작용의 가능성을 비교해 선택했기 때문입니다. 유전자를 이용한 치료도 마찬가지예요. 미래의 부작용 가능성을 완전히 부정할 수는 없지만 당면한 큰 문제를 해결하는 데 유용하다면 적극적으로 선택해야죠. 이를 부정하는 것은 소심증 아닐까요?

르원틴 | 인간게놈 프로젝트는 인간을 정상과 비정상으로 구분하는 이데올로기 역할을 할 수 있다는 점에서도 문제가 됩니다. 유전 정보가 낳을 수 있는 가장 심각한 문제는 유전자 검사 같은 제도의 정착으로서 유전적으로 적합하지 않은 사람들을 걸러내는, 즉 유전자를 통해 정상적인 인간과 비정상적인 인간으로 구분하는 경향이 형성될 것이라는 점입니다. 아직 증상이 나타나지도 않았는데 그런 가능성을 가진 유전자를 지니고 있다는 이유만으로 환자 아닌 환자들을 양산할 가능성이 커요. 이렇게 되면 추악한 우생학의 유령이 다시 부활하는 것이지요. 유전병을 미리 진단할 수 있다면 취업이나 결혼 등에서 유전 정보가 중요한 자료로 활용될 수 있을 테고, 이 때문에 선천적인 유전자 결함을 안고 태어난 사람들이 엄청난 불이익을 당하게 될 수도 있는 것입니다.

도킨스 | 그거야 제도적인 장치를 통해 규제하면 되는 것 아닌가요? 과거에도 취업 등에 성별이나 피부색, 외모 등이 고려 요소가 돼서 수많은 사람들에게 불이익을 주었죠. 하지만 우리는 제도적인 장치를 통해 이런 것들이 고려 요소로 작용할 수 없도록 규제를 해왔고

상당한 실효를 거두고 있습니다. 마찬가지로 유전자 정보를 부당하게 유출하거나 사용하는 것도 법을 통해 방지하는 쪽으로 가야지, 그것 때문에 인류의 질병 치료에 획기적인 역할을 할 수 있는 연구를 포기해야 한다고 말하는 것은 억지 논리라고 봅니다.

박쌤 | 인간게놈 프로젝트 논쟁을 한참 했는데요, 이제부터는 논점을 좀 옮겨서 유전자 변형 농산물(Genetically Modified Organism, 이하 GMO)에 대한 이야기를 해보고자 합니다. GMO를 통해 식량 문제를 해결해야 한다는 주장이 있는데, 이를 어떻게 봐야 할까요? 이미 미국을 비롯해 대규모 기업형 농업을 하고 있는 상당수 국가에서는 GMO가 일반화되고 있습니다. GMO 콩 재배 면적이 미국 전체 콩 재배 면적의 30퍼센트를 차지하고 있을 정도라고 하네요.

GMO 콩을 개발한 미국 몬산토사에 따르면 천연 콩이나 GMO 콩으로 만든 식품이 콘칩에서 밀크셰이크에 이르기까지, 오늘날 만들어지고 있는 1만 가지 이상의 가공식품 중 60퍼센트에 첨가되고 있다고 합니다. GMO 콩은 현재 가장 많이 사용되고 있는 제초제를 콩이 견딜 수 있도록 흙 속 미생물의 독특한 유전자를 콩의 유전자 코드에 주입해 만든 씨앗을 통해 재배됩니다. 몬산토사 대변인에 따르면 GMO 콩은 미국에서 재배되는 또 다른 콩과 교배시키기 때문에, 미국인이 콩이 첨가된 가공식품을 먹을 때마다 GMO 콩을 섭취할 확률은 매우 높아진다고 해요.

GMO 식품은 이미 인류의 식탁을 지배하고 있습니다.

도킨스 | GMO 식품은 인류의 미래 식량 문제를 해결하는 중요한 대안으로 생각할 필요가 있어요. 전 세계 인구는 해마다 8500만 명씩 증가하는데, 농지 면적이나 곡물 재고율은 계속 감소하고 있습니다. 거기에다 갈수록 심각해지는 자연 재앙이 식량의 불안정성을 더욱 키우고 있고요. 계속 이 추세로 간다면, 인류는 머지않아 심각한 식량 재앙에 직면하게 될 것입니다. 이런 상황에서 유전자 조작을 통해 단위 면적당 수확을 몇 배나 늘릴 수 있는 종자를 개발한다면, 식량 문제 해결에 큰 역할을 할 수 있는 것은 당연하고요.

또 GMO는 화학물질의 남용을 줄여 환경 문제를 해결하는 데 도움을 줄 수도 있습니다. 근대 농업은 생산성과 수익성을 높이기 위해 농약과 제초제, 화학 비료나 기타 첨가제의 사용을 계속 늘려왔죠. 그 결과 그 분자들이 대기와 물, 토양 속에 계속 잔류하여 광범위한 오염을 일으키기에 이르렀어요. GMO는 이 문제를 해결할 획기적인 대안 역할을 할 수 있습니다. 병충해나 바이러스, 제초제 등에 강한 저항력을 갖도록 미생물에서 특정 유전자를 뽑아내어 농산물에 이식하면, 병에 강해지고 수확량도 크게 늘어나니까요.

르원틴 | 문제는 GMO가 사람들의 건강에 문제를 일으킬 수 있다는 점입니다. 단순히 가능성 차원이 아니라 이미 큰 문제를 일으킨 경우도 있어요. 1989년에 특정 식품을 섭취한 후 1500명이 병에 걸리고 38명이 사망한 사건이 일어났습니다. 당시 그 원인이 일본에서 만든 GMO 식품 보조제 'L-트립토판'에 있다는 주장이 많이 제기되었어요. 비록 이들이 섭취한 'L-트립토판'이 정확히 뭐가 잘못됐

는지에 관해서는 규명되지 않았지만, 많은 과학자들은 박테리아의 신진대사 작용에 유전적 혼란을 일으켜 위험할 정도의 생소한 독소를 생성했기 때문이라고 추정했죠. 이 식품 보조제는 사건 직후 미국식품의약국(FDA)에 의해 시장에서 회수 조치됐습니다. 이 사건에서처럼 GMO가 어떤 과정을 통해 인체에 악영향을 미치는가를 제대로 규명하기 어렵다는 점은 더 큰 문제이지요.

여러 유전자를 하나에 결합함으로써 초래되는 예측할 수 없는 문제 중에 장기적으로 발암 물질을 생성할 수도 있다는 주장도 있습니다. 소비자 단체들은 GMO 식품에 또 다른 식품이나 유기체에서 온 알레르기를 일으키는 유전자가 함유될 수 있기 때문에, GMO 식품을 섭취한 사람들이 예상치 못한 알레르기 반응을 일으킬 수 있다고 지적하고 있기도 해요.

도킨스 │ 그러면 당장 기아에 시달리고 있는 수많은 사람들은 어떻게 하지요? 매년 생명을 잃는 5세 미만 어린이 1100만 명 중에서 55퍼센트에 해당하는 600만 명의 어린이가 영양실조로 목숨을 잃고 있습니다. 물론 전쟁 등의 이유도 있지만, 이런 지역의 공통적인 특징은 작물이 자라기 어려운 기후대라는 사실입니다. 유전자 조작을 통해 열악한 기후 조건에서도 잘 자랄 수 있는 종자를 개발한다면, 기아 문제를 해결하는 데 큰 기여를 할 것입니다.

GMO 때문에 건강에 문제가 생겼다는 주장은 사실 확인이 더 필요합니다. 제시된 사례를 봐도 아직 문제의 원인이 유전자 변형에 있다는 것을 확신할 수 없잖아요. 설사 그간의 GMO에서 문제가 발견되었다고 해도, 이는 극복의 대상이지 포기의 대상이어서는 곤란합니다. GMO 반대론자들의 주장은 일면적인 진실만을 담고 있어요. 문제가 있을 수 있다는 가능성 면에서는 의미 있는 지적이지요. 하지만 진정한 문제는 기아를 비롯해 인류의 식량 문제에 대해서 설득력 있는 대안을 제시하지 못하고 있다는 겁니다.

간혹 이미 전 세계인을 먹일 수 있는 식량 생산 능력을 인류가 가지고 있다는 주장도 하더군요. 그러니까 기아에 시달리는 사람이 나오는 이유는 기술 문제가 아니라 사회, 경제 요인 때문이라는 거지요. 이런 주장을 하는 사람들은 전 세계적인 빈부 격차나 아프리카 지역에서의 내전 등을 원인으로 제시하더군요. 그러면서 기아를 불러일으키는 사회, 경제 원인을 제거하는 데 노력해야 한다고 강조해요.

하지만 국가 간 빈부 격차나 내전이 언제쯤 인류에게서 사라질까요? 어느 누구도 예상할 수 없을 정도로 시간이 오래 걸리거나 애당초 인류에게는 불가능한 과제일지도 모르죠. 그러면 기아에 시달리고 있는 사람들은 그냥 죽어가야 하나요? 또 시간이 흐를수록 점점 더 심각해질 인류 전체의 식량 문제는 어떻게 하죠? 우리는 현실적인 대안을 마련을 해야 해요. 수백 년이 걸릴지도 모르는 그 대책은 나름대로 정당한 것이므로 노력은 할 수 있습니다. 하지만 당장 직면한 문제를 해결하기 위해 실질적인 노력을 해야 하는 것 아닙니까? 그 방법의 하나로서 다소 부작용 가능성이 있다고 하더라도 GMO를 적극적으로 고려해야 한다고 봅니다.

박쌤 | 이번에는 논쟁의 소재를 좀 바꿔보죠. 인간복제 문제는 어떻게 봐야 할까요? 현대 생명공학 기술의 발전 속도로 볼 때, 과거에는 공상과학 소설에서나 볼 수 있었던 복제 인간이 실현될 날이 멀지 않았다고 생각할 수 있는데요. 찬성론자들은 "인간복제는 전 세계의 불임 부부들에게 큰 희망이 될 것"이라거나 "과학은 종교와 마찬가지로 인간을 영원한 생명에 이르게 할 수 있다."는 기대감을 숨기지 않고 있습니다. 반대론자들은 생명에 대한 경외감 상실이나 인간의 존엄성 파괴 등을 이유로 격하게 반발하고 있고요.

도킨스 | 저도 서명자의 한 사람으로 참여했던 〈복제, 그리고 과학연구의 순수성을 옹호하는 선언문〉에는 다음과 같은 내용이 있습니다. "가장 격렬한 비난의 근저에는, 인간복제가 지금까지 과학적 또는 기술적 발전과 관련하여 인류가 직면해왔던 그 어떠한 것보다도 더 심각한 도덕적 문제들을 야기할 것이라는 가정이 자리 잡고 있는 것 같다. 인간복제는 어떠한 도덕적 문제를 일으킬 것인가? 어떤 종교는, 인간은 신에 의해 불멸의 영혼을 부여받았으며 그것은 인간에게 다른 생명체들과는 비교할 수 없는 가치를 주는 것으로서 인간과 동물은 근본적으로 다르다고 가르치고 있다. 인간의 특성은 독특하고 또 신성한 것으로 간주된다. 그러므로 이러한 '특성'을 변경시킬 수 있는 잠재적인 위험을 지닌 과학적 진보는 격렬한 반대에 직면하게 되는 것이다. 이런 사고는 종교적 교리와 뿌리 깊은 연관을 맺고 있다. 따라서 우리는 인류가 새로운 생명공학으로부터 혜택을 받아야 할 것인가를 결정하는 데에 이런 사고가 개입해야 하는지 의문을

품고 있다. 과학의 결론에 의거하는 한 호모사피엔스는 동물 왕국의 일원이다."

저는 인간복제가 큰 잠재력을 가지고 있는 연구라고 생각해요. 하지만 일부의 종교적 신념과 다르다는 이유로 억압받는 상황에 놓여 있죠. 인간복제를 생각조차 하지 말라는 것은 너무 적대적인 사고방식입니다. 과거에도 이와 유사한 종교적 반대가 해부와 마취 등을 비롯해 우리 세대에 있었던 유전자 혁명의 전 과정에서 제기되었습니다. 하지만 중요한 것은 이런 발전 덕분에 커다란 혜택을 누리고 있다는 사실을 인식하는 것입니다. 인공 수정을 통한 출산, 이른바 시험관 아기 기술이 처음 나왔을 때도 얼마나 많은 반대와 모함이 있었습니까? 하지만 지금은 어떤가요? 대부분의 국가에서 시험관 아기를 통해 새로운 기쁨을 찾고 있는 사람들을 많이 발견할 수 있습니다.

박쌤 | 인간복제에 반대하는 목소리가 꼭 일부라고 할 수도 없고, 특히 종교적인 이유만으로 제기되는 것은 아닐 텐데요. 굳이 종교인이 아니더라도 일반적으로 인간복제가 행해지면 인간은 개인의 고유한 정체성을 잃게 되고 생명에 대한 경외심도 사라질 것이라고 지적하는 사람이 많습니다. 인간의 존엄성은 각자가 누구와도 같지 않다는 고유성에서 출발하는데, 인간복제가 이것을 무너뜨린다는 것이죠.

도킨스 | 어떤 고유성이 훼손된다는 건가요? 인간복제는 시험관 아기와 비슷한 과정을 밟습니다. 시험관 아기는 정자와 난자를 체외

수정하여 여성의 자궁에 착상시킵니다. 나머지 과정은 임신, 출산 과정과 동일하고요. 인간복제도 이와 크게 다르지 않아요. 단지 정자 대신에 자신의 유전 정보를 가지고 있는 체세포의 핵을 분리시켜 이를 핵이 제거된 난자와 수정시킨 후에 여성의 자궁에 착상시키는 것이 다르지요.

만약 저를 복제했다고 칩시다. 그러면 복제된 아이와 저는 상당한 나이 차이가 있겠죠. 성장하는 동안 그 나이 차이는 계속 유지될 것이고요. 외모도 똑같을 수가 없어요. 외모는 성장 과정 속에서 다양한 요소에 의해 변화를 겪게 되기 때문에 내 젊은 시절과 똑같을 수 없지요. 특히 성장 과정에서 주변의 영향을 많이 받는 성격의 사람이라면 더욱 그렇겠죠. 히틀러의 유전자가 남아 있어서 이를 가지고 인간복제를 한다 해도 역사적으로 실재했던 히틀러가 만들어지는 것은 전혀 아니라는 얘기입니다.

그러면 이번에는 상당히 비슷하다는 것이 문제가 되나요? 이건 도대체 말이 안 됩니다. 누구나 자기를 닮은 아이를 낳고 싶어 하지 않나요? 가급적 자신의 유전자가 많이 전달된 아이를 낳고 싶어 하는 것은 인간이면 누구나 가지고 있는 생각이잖아요.

정상적인 정자와 난자의 결합으로 아이를 출산할 수 있는 경우라면 굳이 인간복제를 하지 않겠죠. 하지만 정자가 생산되지 않는 경우에 자신의 유전자가 전달된 아이를 낳을 수 있는 유일한 방법은 인간복제뿐입니다. 인위적인 것 자체가 문제가 된다면 시험관 아기도 금지되어야 하는 것 아닌가요? 하지만 대부분의 국가에서 이는 허용되어 있잖아요. 왜 인간복제가 금지 대상이 되어야 하죠?

박쌤 | 복제를 통해서 만들어진 인간이 범죄에 이용될 수 있다는 지적도 있어요. 예를 들어 자신에게 심각한 질병이 있을 때, 유전자가 똑같은 아이를 복제해서 그 아이의 장기를 이용한다든가 하는 것이겠죠.

도킨스 | 저도 그런 지적이 있다는 걸 잘 알고 있습니다. 하지만 참 황당한 반론일 뿐 아니라 억지스러운 논리예요. 과연 자기 아내의 자궁 안에서 10개월 가까이 있다가 태어난 아이의 배를 갈라 장기를 꺼내는 부모가 있을지도 의문이고요. 백보 양보해서 그런 사람이 있다고 칩시다. 그렇다면 엽기적인 살인 사건이겠죠. 당연히 살인죄로 처벌해야 하고요.

누군가는 인간복제 때문에 그런 범죄의 가능성이 생기니까 인간복제 자체를 금지해야 한다고 반론할 수 있겠죠. 하지만 이것은 조금만 생각해보면 얼마나 억지스러운 논리인지 금방 드러납니다. 장기 매매라는 범죄 행위가 존재하는 것은 장기 이식 수술이라는 의료 행위가 허용되어 있기 때문입니다. 만약 장기 이식 기술이 없다면 장기 매매도 없겠죠. 그렇다면 장기 매매라는 범죄가 일어나니까 장기 이식 수술을 금지해야 한다고 주장할 수 있을까요? 만약 그런 주장을 한다면 얼빠진 사람 취급을 받을 것입니다. 그렇다면 만에 하나 인간복제와 관련한 장기 범죄가 생긴다 해도 같은 논리를 적용해야 하는 것이 맞지 않나요? 인간복제 자체를 금지하는 것이 아니라 범죄는 범죄로서 처벌해야 하는 것이죠.

박쌤 | 논쟁이 점점 뜨거워지고 있는데요. 인간복제와 관련한 논의들은 자칫 윤리적, 종교적인 논쟁으로 번질 수 있기 때문에 아쉽지만 다음 기회로 돌리기로 하겠습니다.

이제 주제를 바꿔서 사회생물학의 사회적인 측면에서 핵심적인 역할을 하고 있는 유전자와 문화의 관계에 대한 논의로 넘어가도록 하겠습니다. 도킨스 선생이 이에 대한 기본적인 입장을 밝히며 이야기를 시작을 하는 것이 논의에 도움이 될 것 같습니다.

도킨스 | 유전자와 문화의 관계와 관련해 저는 기본적으로 윌슨의 다음과 같은 주장에서 출발을 합니다. "생리학과 진화사 문제에 관심을 가진 생물학자라면 자의식이 뇌의 시상하부와 변연계에 자리 잡은 감정 중추에 의해 제어되고 형성된다는 사실을 알고 있다. 이 중추들은 우리의 의식을 증오, 사랑, 죄의식, 공포 등의 갖가지 감정으로 채우고 있어서 선악의 기준을 직관하고자 하는 윤리학자들은 이 감정들을 항상 주시하고 있다. 그렇다면 우리는 무엇이 이 시상하부와 변연계를 만들어냈느냐고 묻지 않을 수 없다. 그것들은 자연선택을 통해 진화되었다. 윤리학을 설명하기 위해서는 이 간단한 생물학적 진술이 주의 깊게 탐구되어야 할 것이다."

시상하부는 척추동물의 간뇌에 위치한 부위를 말합니다. 공복감이나 갈증 등을 총괄하는 중추지요. 변연계는 포유동물의 후뇌에 위치한 부위로서 감정적 행동에 관여하는 기관을 말합니다.

인간의 윤리나 문화적인 요소들도 기본적으로는 생물학적 요인에 의해 만들어진 것이라고 할 수 있습니다. 윤리나 문화가 인간의 심리적인 기준이나 판단에 근거하여 만들어지는 것이라고 할 때 이를 원천적으로 지배하는 것은 신체의 기관들이고, 이 기관들의 진화를 자연선택이 결정한다는 점에서 인간의 문화적 행위도 유전자에 의한 것이라고 보아야 하지요.

르원틴 ㅣ 인간의 문화적 행위도 유전자의 영향이라고요? 선생은 그동안 인류가 가지고 있던 상식과 여러 가지로 상반된 입장을 갖고 있네요. 그 이야기를 듣는 누구나 어떻게 문화가 유전일 수 있는가 하는 상식적인 의문을 가질걸요? 대부분의 사람들은 문화가 신체적인 특징과는 달리, 인간이 사회적인 삶을 영위해나가는 과정에서 후천적으로 형성된 것이라고 생각할 테니까요.

도킨스 ㅣ 보통은 그렇게 생각하겠죠. 하지만 문화도 자기복제의 과정을 통해 다른 개체로, 더 나아가서는 다음 세대로 이어집니다. 예를 들어 설명하는 것이 이해하기가 더 쉽겠네요.

성적인 행동과 관련해서 생각해봅시다. 인간에게 음식물에 대한 본능 다음으로 두드러진 것은 아마 성적 본능일 것입니다. 하지만 인간의 성적 행동은 동물과 상당히 달라요. 예외적인 경우가 있기는 하지만, 동물의 경우 성적 흥분은 대부분 일시적이고 주기적인 충동에 근거합니다. 흔히 발정기라고 부르는 시기에 집중적으로 성적인 충동을 느끼게 됩니다. 하지만 인간은 정해진 시기에 구애받지 않고 성적 흥분을 지속시킬 수도 있고 증가시킬 수도 있습니다.

그러면 성 문화에 있어서 왜 인간과 동물 사이에 차이가 생긴 것일까요? 칸트 같은 철학자들은 충동에 대한 이성의 지배를 보여주는 것이라고 주장해요. 본능을 넘어서는 이성의 힘이 만든 결과로 보는 것입니다. 또 한편에서는 번식이라는 생존 본능에 국한된 동물은 가지지 못한, 인간의 문화적인 욕구로 설명하기도 하고요.

하지만 이런 식의 접근으로는 발정기와 상관없이 이루어지는 인간의 성적 흥분이나 행위가 어떻게 한 개체에서 다른 개체로, 한 세대에서 다음 세대로 이어지게 되었는가의 이유를 밝힐 수 없습니다. 왜냐하면 인간이 다른 동물과 달리 처음부터 번식과는 무관하게 성을 향유하는 종으로 만들어졌을 리 없으니까요. 한 개체의 경험이 다른 개체로 확대되고 다음 세대로 이어지도록 하는 어떤 고리가 있어야만 하겠죠. 이것을 교육 때문이라 보기도 어렵습니다. 청소년들이 성장하면서 성적 충동을 느끼는 것은, 누군가에게 교육을 받았기 때문이 아니라 스스로 자연스럽게 경험하는 것이니 말입니다.

제가 봤을 때 이것은 유전적인 복제 과정이 있었기 때문에 가능했던 것입니다. 일단 처음에는 한 개체의 경험이 시작이었을 것입니다. 그리고 모방이라고 할 수 있는 과정을 매개로 뇌에서 뇌로 건너다녔겠지요. 성 경험이 유쾌했다는 인식을 갖게 된 인간은 자기 주변의 동료나 지인에게 그것을 전했을 것입니다. 이 과정이 더 많은 사람들에게로 확대되었던 것이죠. 뇌에서 뇌로 퍼지는 자기복제 과정이 일어나는 것입니다. 이 자기복제가 다음 세대로 이어지면서 유전적으로 굳어졌기 때문에, 인간에게 일반적인 것으로 자리를 잡게 된 것이라고 봐야 합니다.

저는 이렇게 유전적으로 이루어지는 문화 전달의 단위 또는 모방의 단위를 '밈(meme)'이라는 단어로 규정하고 있는데요. 어떤 음악의 곡조나 의복의 양식, 혹은 항아리를 만드는 법 등이 모두 밈의 예라고 할 수 있습니다. 바이러스가 숙주 세포의 유전 기구에 기생하는 것과 유사한 방법으로 인간의 뇌는 그 밈의 번식용 운반체가 되어버리는 것이죠. 이런 맥락에서 저는 인간의 문화적 행위도 유전자의 영향에 의거한다고 주장을 하는 거예요.

르원틴ㅣ 오히려 문화와 유전자의 관계는 선생이 주장하는 것과 정반대라고 봐야 하지 않나요? 인간들 사이에서 나타나는 차이 가운데에는 유전적인 영향이 있기야 하겠지만 상당 부분은 문화적 환경의 영향을 받은 것이라고 봐야 해요. 어떤 사람이 가지고 있는 유전적인 능력은 고정적인 것이 아닙니다. 문화적 환경의 변화는 우리들의 능력을 몇십 배로 변화시킬 수 있어요. 특정한 환경에서 유전적 차이라고 생각되는 것이 나타났다 하더라도 다른 환경에서는 완전히 사라질 수도 있는 것이고요.

심지어 개인들 사이의 타고난 차이가 문화적 환경이나 기계적 발명물들로 인해 폐기되는 경우도 얼마든지 있습니다. 예를 들어 생물학적으로 볼 때 남자와 여자의 체력이나 힘은 근육 또는 뼈의 차이 때문에 다르게 나타납니다. 하지만 여성들이 운전을 할 때 힘이 부족해서 남성보다 운전을 못하거나 하지는 않아요. 파워핸들 장치가 개발되어서 약간의 힘만으로도 얼마든지 핸들을 조작할 수 있게 되었으니까요. 또한 컴퓨터 기술의 발달로 웬만한 기계는 전자식 제어 장치로 조종할 수 있게 되어서 남녀의 힘 차이가 전혀 문제가 되지 않는 경우도 많고요. 이런 관점에서 보면 생물학적, 유전적 차이는 빠른 속도로 무마되어 점차 그 의미를 상실하고 있다고 보입니다. 유전자 변이의 결과로서 나타나는 한 집단 내에서의 변이의 비율은, 고정된 특성이 아니라 환경에 따라 달라지는 것으로 볼 수 있다는 것이죠.

인간이 이성의 힘을 이용해 스스로 문명을 만들고 발전시켜왔어요. 그리고 이를 통해 유전자의 역할에 변화를 주거나 어떤 경우에는 무력화시켜온 겁니다.

도킨스 ㅣ 인간의 문화와 문명은 어떻게 만들어진 것이죠? 선생은 막연하게 이성의 힘이라는 근거만을 들고 있습니다. 선생의 주장이 별로 설득력이 없는 결정적인 이유는, 인간만이 아니라 동물도 수준이 다를 뿐 생물학적 행동으로 자신의 문화와 문명을 만든다는 사실을 간과하고 있다는 데 있습니다.

유전자는 자신의 복제품을 더 많이 퍼뜨리기 위해 개체를 고안했을 뿐만 아니라 한발 더 나아가 자신의 목적을 위해 '다른' 개체들마저도 자신의 운반자로 만들어버릴 수 있습니다. 저는 이를 '확장된 표현형'이라는 개념으로 설명을 하고 있는데요. 확장된 표현형의 사례는 많습니다. 기상천외한 사례들도 있죠. 숙주인 게에게 딱 달라붙어서 자기 자신을 단세포 상태로 변형시킨 다음, 게 속에 잠입 하는 조개삿갓의 경우를 봅시다. 기생자인 조개삿갓은 잠입 후에 숙주인 게를 생화학적으로 거세합니다. 그 게가 수컷이라면 암컷화해서 기생자인 자신의 알을 돌보도록 만들어버리는 거죠. 기생자가 자신의 유전자를 더 많이 퍼뜨리기 위해 숙주에까지 마수를 뻗치는

광경이죠. 숙주의 이 어이없는 행동은 기생 유전자의 확장된 표현형인 셈입니다.

조개삿갓은 다른 개체를 변화시키는 예이지만 주변 환경을 자신의 복제에 유리하도록 변화시키는 경우들도 많아요. 날도래 유충은 개울 하류에서 잡다한 잔해들로 보금자리를 만들어 자신을 보호해요. 비버는 강 속에서 안전하게 이동하려고 주위의 나무를 잘라 댐을 만드는데, 비버의 댐도 확장된 표현형이라고 할 수 있습니다. 이런 맥락에서 거미줄, 흰개미집, 새의 둥지와 같이 동물들이 만든 인공물들도 모두 자신의 유전자를 더 효율적으로 퍼뜨리기 위한 확장된 표현형인 셈이죠.

날도래 유충이나 비버의 행위를 일종의 문화나 문명으로 볼 수

없는 특별한 이유가 있나요? 문명이라는 것이 꼭 선생이 말한 파워 핸들이나 자동제어 장치쯤 되어야 하는 것은 아니잖아요. 만약 생존을 위해 초보적인 수준으로 자연물을 가공해 이용하는 것을 문화라고 볼 수 없다면, 인간이 석기 시대에 만들었던 도구들도 문화에서 제외시켜야 되는 것이 아닙니까? 저는 인간의 원시적인 도구도 문화와 문명의 하나이듯, 비버의 댐도 문화이자 문명의 표현이라고 생각합니다. 다만 인간의 문화와 문명은 동물의 것보다 더 고도화된 것으로 이해를 해야 하죠. 그렇다면 인간의 문화와 문명도 유전자의 확장된 표현형, 즉 유전자에 의해 만들어진 것으로 이해해야 하는 것이 논리적인 결론이겠죠.

르원틴 | 선생은 인간의 문화나 문명을 동물의 그것에 비해 단지 양적으로 더 발달한 것으로 여기고 있는데요. 이런 식의 단편적인 이해는 곤란합니다. 인간이 동물과 공통적으로 가지고 있는 능력 중에서 상대적으로 더 가지고 있는 것 말고도 오직 인간만이 가지고 있는 특징도 많습니다. 바로 그런 것이 인간이 문화와 문명을 꽃피울 수 있게 한 힘일 텐데요. 예를 들어 인간이 동물과는 달리 죽음이나 신, 종교에 대한 생각을 가지고 있는 것처럼 말이죠. 선생은 이런 생각까지도 유전자에 의해 만들어진 것이라고 말할 건가요?

도킨스 | 네, 그렇습니다. 종교나 신에 대한 관념도 유전자와 깊은 관련이 있다고 생각해요. 앞에서 제가 말한 '밈' 이라는 문화적 유전자의 작용인 것이죠. 적어도 인간과 우주만물을 신이 창조했다고 믿는

비과학적인 창조론자가 아니라면, 인간이라는 종이 만들어진 그 순간부터 신에 대한 관념이 있었다고는 누구도 확언하지 못할 것입니다. 오히려 신에 대한 관념은 어떤 순간에 어느 개체로부터 시작된 관념이라고 봐야 하죠.

일단 홍수라든가 가뭄처럼 인간을 괴롭히는 대자연의 횡포 앞에서 절대적 구원자가 있을 것이라는 관념은 어느 개체에게 위안을 주었을 것입니다. 그리고 곧 집단으로 확대되었겠죠. 혹은 현실은 불공정하지만 내세에서는 그렇지 않을 것이라고 생각하면서 위안을 받았을 수도 있고요. 이런 생각이 발전하면서 인간의 불완전함을 신이 구원해줄 것이라는 믿음이 점차 집단적으로 형성이 되었을 것입니다.

그런 점에서 신에 대한 관념은 의사의 약과 마찬가지로 어떤 치유 효능을 지닌 것이었겠죠. 약을 먹으면 낫는다는 마음처럼 신이 인간의 고통을 치유해줄 것이라는 심리적 매력을 갖게 된 것입니다. 일단 이런 '착각'이 효력이 있는 것으로 이해되자 더 많은 개체로 복사되고, 뇌를 통해 다음 세대로 자기복제가 이루어졌던 것입니다. 그렇기 때문에 '사후에 생명이 있다는 믿음'이라는 밈은, 신경계의 하나의 구조로서 막대한 횟수에 걸쳐 전 세계 사람들에게 육체적으로 실현되어 있는 것입니다.

박쌤 | 도킨스 선생의 논리대로라면 인간의 행동 대부분을 유전자가 결정한다고 봐야 할 텐데요. 그렇다면 범죄처럼 흔히 사회적으로 비정상이라고 여겨지는 행동들도 유전자가 결정하는 것이라고 봐야

하나요?

　이 논쟁과 관련이 있는 스웨덴의 범죄자 연구 사례를 소개해보겠습니다. 한 사람의 사회적 운명을 결정짓는 '범죄' 라는 행위에 유전과 환경이 어떤 영향을 미치는지 알기 위해 했던 연구인데요. 우선 연구 대상은 태어난 후 입양이 되어 양부모에게 길러진 사람들입니다. 친부모의 영향(유전)과 양부모의 영향(환경)을 비교해야 하니까요. 이 연구의 결과는 의미심장합니다. 전과자가 아닌 부모에게 태어나 유복하고 좋은 환경에서 자란 사람들이 범죄자가 된 비율은 3퍼센트에 그쳤습니다. 하지만 전과자가 아닌 부모에게 태어났더라도 양육 환경이 가난하고 불우했던 사람들이 범죄자가 된 비율은 2.33배나 높은 7퍼센트였죠. 그러면 친부모가 전과자인 경우는 어떨까요? 전과자 부모에게 태어났지만 행복한 환경에서 자란 사람들이 범죄자가 된 비율은 12퍼센트, 곤궁하고 불우한 환경에서 자란 사람들이 범죄자가 된 비율은 무려 40퍼센트나 됩니다.

　제가 보기에 이 연구 결과는, 유전적 요인과 환경적 요인 모두 한 사람의 운명을 결정하는 데 중요한 영향을 끼친다는 것을 말하고 있습니다. 이것과 비슷한 조사가 다른 나라에서도 꽤 많이 있었던 것으로 알고 있는데요. 결과를 보면 수치에 약간의 차이가 있지만 기본적인 경향은 비슷하게 나타나고 있습니다. 이런 연구 결과들을 고려할 때 인간의 사회 행동을 유전자가 결정한다는 주장은 좀 무리가 있는 것 아닌가요?

도킨스 ｜　사회생물학을 연구하는 학자들 중에서도 유전적인 영향과 환경적인 영향을 모두 인정하는 분들이 꽤 있습니다. 윌슨도 그런 경우라고 할 수 있죠. 그는 기본적으로 유전자의 힘이 인간의 행동 특성, 좀 더 구체적으로는 내향성이나 외향성 정도, 개인적인 성향, 정신적·육체적 운동, 신경증, 우세성, 우울증 등에 영향을 미친다고 주장하죠. 또한 이러한 유전적인 영향이 각 사회의 문화적 차이를 만드는 힘이라는 점을 강조합니다. 그러나 윌슨은 인간의 사회적 행동에 비유전적 학습이 영향을 끼친다는 것을 전적으로 부정하지는 않습니다.

하지만 저는 이것으로는 부족하다고 생각해요. '영향'이라는 규정에 한정해서 보자면, 저 역시 비유전적인 학습의 역할을 전적으로 부정할 마음이 조금도 없습니다. 역으로 저를 비판하는 사람들도 인간의 행위에 미치는 문화적, 환경적 영향 이외에도 유전적인 영향을 전적으로 부정하지는 않을 테고요. 그런데 문제는 왜 막연하게 '영향'을 주는 것 정도에서 논의가 멈추어야 하느냐 이겁니다. 그런 식의 결론이야 누가 부정을 하겠어요. 그러나 우리가 단순한 평론가가 아니라 정말 과학자라면, 더 근본적인 결정 요인을 찾는 것이 중요합니다.

그렇기 때문에 저는 인간의 사회적 행위 또한 유전자를 보존하기 위한 투쟁일 뿐이라는 점을 강조하고 있는 것입니다. 진화는 집단 내 대립 유전자 간의 투쟁이고, 유전자의 목표는 집단 내의 확산이며 상대 유전자를 물리쳐 번식시키는 것이라는 점을 분명히 하는 것이고요. 만약 우호적인 방식으로 유전자의 확산이 가능하다면 그렇게 하겠지만, 반대로 대립 유전자와의 투쟁이 필요한 경우에는 적대적인 행위로 나타나는 것이죠. 우호적인 방식이라고 한다면 종의 번식과 관련된 모성애, 성 행동, 부부애 등이 여기에 해당하겠죠. 적대적인 행위와 관련해서는 범죄와 같은 공격적 행동, 간음에 이르는 모든 행동이 해당될 테고요. 이 모든 것들이 유전자 수준에서 이미 결정되어 있는 행동 패턴의 산물이라고 할 수 있습니다.

박쌤 | '영향'과 '결정'을 구분해야만 과학적인 것이고, 그렇지 않으면 불철저한 사고라고 보는 구분법이 과연 올바른 것인가는 별도의 고민이 필요할 것 같습니다. 일단 이 얘기는 여기까지 일단락을 짓고요. 논쟁점을 좀 더 확대하도록 하죠.

르원틴 선생은 사회생물학이 일종의 정치적 이데올로기로 역할한다고 맹렬하게 비판하는 것으로 알고 있습니다. 선생의 문제의식을 구체적으로 소개해주었으면 합니다.

르원틴 | 사회생물학은 말 그대로 생물학을 사회에 적용하여 인간의 행위와 사회적 현상을 설명하려는 시도입니다. 그 가운데에서 가장 극단적인 입장을 가진 사람이 저와 논쟁하고 있는 도킨스 선생이고요. 선생은 인간의 개인적, 사회적 행위가 유전자에 의해 좌우된다고 주장하고 있습니다. 문제는, 맥락과 운영 원리가 다른 동물의 세계와 인간 사회를 하나의 논리로 풀어가는 과정에서 오류가 발생한다는 점입니다. 단순히 이론적인 오류라면 문제가 조금은 덜하겠지만, 인간과 사회에 대한 이해는 인간의 삶에 직접적으로 영향을 미치게 된다는 점에서 심각한 문제를 일으킵니다.

무엇보다도 먼저 사회생물학적 관점은 불평등한 사회 구조를 정당화시키는 이데올로기적 역할을 합니다. 예를 들어 현대 사회의 경쟁적이고 위계적인 질서를 합리화하는 역할을 해요. 흔히 자유주의 경제학자들은 개인의 능력 차이가 사회적인 불평등을 만든다고 이야기합니다. 그러면서 개인의 능력이 천부적인 것처럼 사회적 불평등도 인간에게는 본래적인 것이므로 이것을 수정하려는 행위는 잘못이라고 주장하죠. 하지만 불평등 그 자체를 인정할 수 있느냐보다 실질적인 문제는, 불평등을 사회적으로 어느 선까지 용인하느냐입니다. 인간 사회의 한편에서는 지금 이 순간에도 수많은 사람들이 기아로 굶어 죽어가고 있잖아요. 도대체 인간의 능력 차이란 것이 이 정도의 불평등을 합리화시켜줄 정도인가요? 또 자본이라는 것은 개인의 능력을 넘어서는 것입니다. 자본은 능력과 무관하게 자신을 증식시켜나가는 힘이 있어요. 자본을 통해서 획득한 자신의 유리한 지위를 이용해 부당하게 부를 축적하기도 하지요. 독과점이라든가 투기적인 축적이 바로 그 대표적인 예입니다.

모든 사람들은 저마다 다른 생물학적인 차이가 있습니다. 하지만 그런 차이 자체가 사람들에게 저마다 다른 지위와 권력을 주는 것을 보장해주는 것은 아니지 않습니까? 부와 권력은 생물학적인 문제가 아닙니다. 이것이 형성되는 데는 개인의 능력 이외에도 강제를 포함한 다양한 요인이 작용을 하죠. 그런데 사회생물학은 이 모든 불평등을 인간의 유전자에 의해 정해진 것으로 합리화하는 역할을 합니다. 유전자가 인간의 특성과 행위를 결정한다는 논리에 따르면 개인이 가지고 있는 성격이나 육체적, 정신적 능력의 차이도 유전자의

차이에 기인한다는 주장으로 나아갈 수 있으니까요. 그러면 현실의 불평등은 인간의 본래적인 차이에서 유래된 것으로 자연스럽게 정당화될 수 있고요. 그렇기 때문에 저는 사회생물학이 하나의 정치적 이데올로기라고 규정하는 것입니다.

도킨스 ㅣ 글쎄요~ 저는 유전자 선택이 아니라, 오히려 선생의 주장처럼 인간은 집단적인 선택에 의해 진화가 일어나고 그 과정에서 환경적, 문화적 영향을 받는다는 것이야말로 정치적 이데올로기의 성격이 강하다고 생각하는데요.

그룹선택설이 일반적으로 무난하게 받아들여지는 이유는 우리가 갖고 있는 논리적 이상이나 정치적 이상과 조화되어 있기 때문입니다. 이런 논리는 인간이 개체의 차원에서 유전적으로 결정되는 것이 아니라 필연적으로 타인과 함께 살아가는 존재라는 점을 부각시키죠. 타인과의 관계에서 인간이 이타적인 행위를 할 수 있다는 점 때문에 '이기적 유전자론'을 비판하는 것이고요.

하지만 이타적이라고 일컫는 행위의 본질은 무엇인가요? 어떤 집단 내의 이타주의는 타 집단에 대해서는 지독한 이기주의인 경우가 많습니다. 국가 간의 전쟁을 예로 들어볼까요? 전쟁이 일어나면 인간은 국가와 민족을 위해 자신의 목숨까지 희생할 수 있는 정신을 숭고한 이타주의로 여기곤 합니다. 하지만 본질적인 측면에서 볼 때 이런 행위는 자신이 속한 집단 내에서는 이타주의적 희생일지 몰라도, 상대편 국민들을 더 많이 살상할 것을 요구받는다는 점에서는 지독한 이기주의라 볼 수 있습니다. 특정 인종이나 민족 내에서의 이타주의가 다른 인종이나 민족에 대한 차별주의로 나타나는 것도 다름 아닙니다. 이렇듯 오히려 그룹선택설이야말로 환경과 문화 등을 핑계로 국가주의적, 전체주의적인 이데올로기를 퍼뜨리는 주범 역할을 하는 게 아닌가요?

특정한 국가 구성원으로서의 인간이 아니라 인류 전체에 대한 이타주의를 강조하는 것이라고 변명을 해도 결과는 마찬가지입니다. 인류라는 종 전체의 이익을 이야기할 때 생기는 문제가 다른 종에 대한 차별적인 태도의 문제입니다. 예를 들어 인간이 동물을 처분할 수 있는 권리를 갖고 있는 것처럼 여기는 관점이 그렇죠. 이런 생각을 가지고 있는 인간은 식용은 물론이고, 몸을 치장하기 위해서 무차별적인 살육을 자행합니다. 심지어 엄청난 수의 동물을 실험용으로 쓰면서 병균이나 암세포를 주입하는 일을 아무 거리낌 없이 저지르기도 하죠.

동물은 물론이고 인간도 유전자에 의해 결정된다는 저의 주장은 그런 점에서, 인간이라는 범위 내에서는 집단이나 전체보다 개인의 중요성을 강조하는 역할을 합니다. 또한 인간은 주체로, 자연은 대상으로 파악해서 마음대로 이용하고 파괴하는 서구의 근대적인 자연지배사상에 대한 강한 비판을 포함하고 있죠. 만약 사회생물학이 사회적, 정치적 이데올로기로서의 역할을 하고 있다면 저는 개인의 중요성, 인간과 자연의 공존이라는 점에서 긍정적인 역할을 한다고 생각합니다.

르원틴 | 선생의 결론에는 동의하지 않지만, 선생 스스로 유전자 결

정론이 집단보다 개인을 우선시하는 이데올로기라는 점을 인정한 것은 정확하다고 생각해요. 사회생물학이라는 껍데기를 쓰고 있는 선생의 논리는, 겉으로는 '사회'라는 표현을 쓰고 있지만 실질적으로는 사회적 인과관계를 다루고 있지 않습니다. 철저히 개인적 인과관계에 대한 이론만을 다루고 있을 뿐이죠. 그리고 저는 개인을 우위에 두는 그 이데올로기가 문제라고 생각합니다. 선생의 논리대로라면 어떤 사회의 특성은 그 사회 구성원들이 가지고 있는 개인적 특성에 의해 형성되는 것처럼 인식됩니다. 그리고 다시 그런 개인적 특성은 사회 구성원들의 유전자에서 기인한다고 이야기될 수밖에 없고요.

어떤 사회가 전쟁에 휩쓸리게 되었다고 가정해봅시다. 우리가 그 사회에서 발생한 전쟁의 원인을 제대로 찾아내기 위해서는 일차적으로 사회적인 구조와 경제적인 조건을 분석해야 합니다. 예를 들어 미국과 이라크의 전쟁은 석유를 둘러싼 지배권이나 중동 지역에 대한 미국의 패권, 미국 군수 산업체의 이해 문제까지 파고들어가서 원인을 찾고 해결 방안을 모색해야 하죠. 그런데 도킨스 선생의 논리대로라면 전쟁의 원인을 사회 구조나 조건에서 찾는 것이 아니라 개인적인 차원에서 찾게 됩니다. 개인이 본래 가지고 있는 유전적 폭력성 때문이라는 결론을 낼 수밖에 없는 것이죠.

남성과 여성의 불평등도 마찬가지입니다. 현실에서 나타나는 양성 간 불평등은 역사적으로 부와 권력에 대한 남성의 지배, 가부장제적인 가족제도와 직접 연관이 있는 것으로 파악해야 제대로 된 원인 분석과 대안 접근이 가능하지 않습니까? 그런데 개인적 인과관계를 중심으로 파악하면, 개인으로서의 수컷이 역시 개인으로서의 암컷을 지배하려는 유전적 열망을 가지고 있기 때문이라고 여기게 되는 것이죠. 아니면 특정 개인 간의 사소한 에피소드가 되어버리거나 말입니다. 사회생물학에 의하면 현실의 모든 문제와 불평등은 본능에 기초한 것이기 때문에 어쩔 수 없는 것이 된다는 얘깁니다.

다시 말해 사회는 그저 개인들의 집합, 즉 개인적인 특성이나 욕구를 반영하는 공간에 불과한 것으로 전락한다는 것입니다. 특히 도킨스 선생이 강조한 대로 유전자의 속성이 이기적이라는 점까지 고려하면, 사회 속에는 오직 개인 간의 능력 차이와 경쟁만이 남는 거죠. 사정이 이러하니 선생의 이론을 포함해서 사회생물학이 능력과 경쟁을 가장 일차적인 사회 운영 원리로 보는, 경제적 자유주의 이데올로기의 대변자 역할을 한다고 생각하는 것이 당연한 것입니다.

도킨스 ㅣ 앞에서도 얘기했듯이 저는 유전자 결정론이나 사회생물학이 개인을 중심으로 한다는 점을 부정할 생각이 조금도 없습니다. 그런 점에서 유전자 결정론이 개인주의 이데올로기의 토대 역할을 한다는 선생의 주장이 크게 틀린 것은 아니라고 생각해요. 하지만 결론은 전혀 다르죠.

개인주의와 집단주의는 일방적으로 어떤 것은 옳고 다른 것은 틀린 것이라고 말할 수 없습니다. 역사적으로 볼 때 집단이나 사회를 중심으로 바라보는 관점, 우리가 흔히 사회실재론이라고 부르는 관점이 얼마나 많은 억압과 폭력을 만들어냈습니까? 그렇지만 저도 개인주의가 현대 사회에 와서 적지 않은 문제를 만드는 원인으로 작용하고 있다는 점은 일부분 인정하고 있습니다.

문제는 지금 인류를 비롯하여 세상의 모든 생명체가 무엇 때문에 인해 고통받고 있는가에 대한 성찰이 필요하다는 점입니다. 사회생물학을 비판하는 사람들은 유전자를 중시하는 관점이 마치 인간의 성찰적 기능을 배제한 채 오직 기계적이고 과학적인 관점만을 수용하는 것처럼 여기고 있습니다. 저는 이런 태도가 지독한 오해와 편견에 기초한 것이라고 생각해요. 문제는 어떤 성찰을 하느냐 입니다. 성찰이 있느냐 없느냐의 문제는 아닌 것이죠.

그렇다면 인간 사회에서 발생하고 있는 여러 가지 고통과 문제들이 과연 개인을 지나치게 강조해서 생긴 것일까요? 반대로 개인보다 집단과 사회의 우월성을 강조하는 과정에서 수많은 문제들이 터져나오고 있는 것 아닌가요? 개인의 독립성이나 개인의 자유가 너무 많아서 문제인가요? 오히려 현대 사회로 오면서 더욱 다양한 방식으로 개인을 감시하고 통제하면서 개인의 자유가 축소되고 형식화되고 있는 것이 문제 아닌가요?

그런 점에서 저는 칼 포퍼(Karl Popper)가 《열린사회와 그 적들》에서 강조한 다음과 같은 지적에 귀 기울일 필요가 있다고 생각해요. "우리는 흔히 우리 자신을 넘어선 어떤 것, 우리가 헌신할 수 있는 어떤 것, 우리가 그것을 위해 희생해도 될 어떤 목적을 지향해야만 한다고 여기는 것을 당연하게 받아들인다. 따라서 그 어떤 것은 바로 '역사적 사명'을 가지고 임해야 할 집단적인 것임에 틀림없다고 결론을 내린다. 그렇기 때문에 우리는 희생하라는 말을 듣게 되며, 동시에 그렇게 하면 훌륭한 거래를 한 것이라고 확신한다. 희생을 한다 하더라도 그 결과 명예와 명성을 얻게 될 거라는 말을 우리는 자주 듣는다. 역사의 무대에 등장하는 영웅, 곧 역사의 '주역(主役)' 이 될 것이요, 작은 위험을 무릅쓴 대가로 큰 보상을 얻게 된다는 것이다. 이것은 극소수 사람들만의 가치가 인정되고 평범한 사람들은 버림받은 시대의 미심쩍은 도덕률이요, 역사 교과서에 한 자리 차지할 기회를 가진 정치적 귀족들이나 지적인 귀족들의 도덕률이라 하지 않을 수 없다. 그것은 도저히 정의와 평등주의를 찬성하는 사람들의 도덕률일 수가 없다. 역사적 명성이란 정의로운 것일 수 없는 것이요, 극소수의 사람들만이 획득할 수 있는 것이기 때문이다. 그들 못지않게 존귀한 무수한 사람들은 언제나 잊히게 될 것이다."

인류 역사를 보면 그것이 신분제이든 전제 군주제이든 대부분 집단의 이익을 이유로 개인의 희생을 강요하는 것이 일반적이었습니다. 사회의 이익을 이유로 개인을 파괴하는 가장 대표적인 것이 바로 전쟁일 테고요. 현대 사회에 와서도 집단의 이익을 우선하는 논리가 미치는 해악은 여전합니다. 특히 국가 경제의 발전을 위해서라며 사회 구성원 각자에게 허리띠를 졸라맬 것을 끊임없이 강요하곤 하죠.

전체 생명체의 문제로 환원해서 고민을 해봐도 마찬가지입니다. 특정 생물의 멸종 등 생태계 파괴로 인해 지구 전체의 생명체가 겪고 있는 고통은 인간이 지나치게 자연 개체들을 존중해서 생기는 문제인가요? 아니면 인간이라는 종의 우월성만 지나치게 강조해서 생기는 문제인가요?

우리는 이런 문제들에 대해서 진지하게 접근하고 성찰하며 답변을 해야만 합니다. 그런 점에서 저는 사회생물학이 나름대로는 인간과 생명에 대한 긍정적인 접근 방법을 제공하고 있다고 자부하고 있습니다.

박쌤 ㅣ 저 역시 도킨스 선생이 개인의 의지와 자유에 대한 신뢰를 중요하게 생각한다는 점을 인정합니다. 그런 점에서 사회생물학을 인간이라는 존재 자체를 무시하는 것이라고만 비판하는 것은 별로 설득력이 없다는 생각이 들어요. 마치 원숭이 모습을 한 다윈을 묘사하는 것으로 다윈의 진화론을 비난하는 것 같은 유치한 접근이 될 수 있겠죠.

　그럼에도 선생이 이기적 유전자를 설명하기 위해 여러 생물학적

자료들을 연역적으로 추론하였기 때문에 사회적, 문화적 배경을 무시하고 유전자 환원주의를 지지하는 우익 이데올로기 색채를 띠고 있다는 비판을 받아온 것도 사실입니다. 거칠게 정리하면 사람들의 팔자를 결정하는 것은 그 사람의 유전자다, 우리는 그 유전자의 규정력을 벗어날 수 없다, 유전자에는 좋은 유전자와 나쁜 유전자가 있다, 우수한 유전자를 가진 사람과 열등한 유전자를 가진 사람 사이의 불평등은 불가피하다, 가부장제는 남성의 생물학적 특성이 여성보다 뛰어나기 때문에 발생한 것이다, 흑인이 백인보다 못사는 것은 그들이 게으르고 낮은 지능을 유전적으로 타고났기 때문이다 등의 논리가 있죠.

이런 논리 전개가 가능하기 때문에 사회생물학이 최근 들어 각광을 받는 이유가 전 세계적으로 신자유주의적 보수 이데올로기가 확장되는 것과 관련이 깊다는 지적을 받습니다. 불평등을 비롯 사회 구조적인 문제를 개선하려는 노력을 인간의 본성을 벗어난 일탈행위 정도로 취급해버리는 보수 이데올로기의 기초 역할을 한다는 것이죠. 결국 지배 계급의 이익을 옹호하기 위한 이데올로기에 불과하다는 지적입니다.

도킨스 | 사회생물학이나 저의 이론이 개체 혹은 개인의 중요성에 기초하고 있다는 점, 그런 의미에서 사회적 이론과 상당한 연관성을 갖는 것은 맞습니다. 그러나 자유주의, 개인주의 일체를 보수주의로 규정하는 것은 무리가 있죠. 자유주의나 개인주의도 진보적인 역할을 얼마든지 수행할 수 있으니까요. 개체를 중시하는 관점이 인간과

자연의 관계에서는 말할 나위도 없이 진보적인 역할을 하고요.

하지만 다른 한편으로는 사회생물학을 지나치게 도덕성이나 이데올로기와 연관시키는 것은 별로 반가운 일이 아니에요. 저는 진화론에 근거한 도덕성을 주장하는 것이 아니라, 과학적인 입장에서 사물이 어떻게 진화했는가를 이야기하려는 것입니다. 이것이 저의 가장 중요한 목적이죠. 저와 사회생물학에 대한 비판이 앞으로 이러한 점에 초점을 두고 이루어졌으면 하는 바람입니다.

박쌤 | 벌써 약속한 시간이 다 됐군요. 오늘 논쟁이 많은 사람들에게 사회생물학 논쟁에 대한 이해의 폭을 넓히는 계기가 되었으리라 생각합니다. 사회생물학에 대한 왜곡된 편견을 없애는 데도 나름대로 의미가 있을 것 같고요. 또 과학 분야에 국한된 논의가 아니라 인간의 사고와 행동, 더 나아가서는 우리가 살아가고 있는 사회와 관련하여 인식의 지평을 확장하는 데 큰 도움이 되는 논의였던 것 같습니다. 긴 시간 치열하게 논쟁에 임해주신 두 분 선생에게 다시 한 번 감사의 인사를 드리면서 오늘 논쟁을 마치도록 하겠습니다.

도킨스와 르원틴

리처드 도킨스(Clinton Richard Dawkins, 1941~)

리처드 도킨스는 세계적으로 유명한 영국의 동물행동학자, 진화생물학자, 대중과학 저술가이다. 1941년 케냐 나이로비에서 태어난 도킨스는 옥스퍼드대학교에서 수학하며, 동물행동학 연구로 노벨상을 수상한 니코 틴버겐(N. Tinbergen)에게 배웠다. 그 뒤 촉망받는 학자로서 학문적 여정을 시작했다. 미국 캘리포니아대학교 버클리교 동물학과 조교수와 영국 옥스퍼드대학교 동물학과 강사를 거쳐 현재는 옥스퍼드대학교에서 '대중의 과학 이해를 위한 찰스 시모니 석좌교수' 직을 맡고 있다. 동시에 옥스퍼드대학교 뉴 칼리지의 교수이기도 하다.

도킨스

　리처드 도킨스가 널리 알려진 것은 1976년에 출간된 저서 《이기적 유전자》를 통해서였다. 그는 이 책에서 진화를 유전자 중심으로 보는 관점을 대중화하고

'밈'이라는 용어를 도입했다. 또한 1982년 표현형의 효과가 유기체 자신의 신체만이 아니라 다른 유기체들의 신체를 포함해 넓은 환경으로 전달된다는 것을 보여준 저서 《확장된 표현형》으로 진화생물학계에서 폭넓은 인용을 받았다.

도킨스는 생물학뿐만 아니라 무신론, 진화, 창조주의, 지적 설계론 및 종교에 대한 관점으로도 잘 알려져 있는데, 특히 창조주의와 지적 설계론에 가장 확고하고 단호한 비판가 가운데 한 사람이기도 하다. 1986년에 출판된 저서 《눈먼 시계공》에서는 시계공의 비유(복잡한 시계가 저절로 만들어질 수 없듯이, 복잡한 유기체들도 그들을 만들어 낸 지성적 존재가 있어야 한다는 주장)를 비판하고, 진화의 과정이 어떻게 '눈먼' 시계공으로서 작용할 수 있는지를 설명하였다. 또, 2006년에 발표한 《만들어진 신》에서 도킨스는 초자연적 창조자는 존재하지 않으며 종교적 신앙은 굳어진 착각에 불과하다고 주장했다. 이외에도 여러 권의 대중과학서를 집필했고, 텔레비전이나 라디오 프로그램에 여러 차례 출연해서 위의 주제들을 다루기도 했다.

도킨스는 무신론자, 자유사상가, 세속 인간주의자, 회의주의자, 과학적 합리주의자, 브라이트 운동 지지자이다. 그는 영국 왕실이 수여하는 패러데이 상의 심사위원, 영국 TV 아카데미상 심사위원을 하고 있으며 영국과학발전협회의 생물학 부문 수장이기도 하다. 2004년 옥스퍼드의 밸리올 칼리지(Balliol College)는 도킨스 상을 만들어 인간 때문에 멸종 위기에 빠진 동물의 행동 양식과 복지에 기여하는 논문을 발표한 사람에게 수상하고 있다.

《이기적 유전자》

리처드 도킨스는 진화생물학 분야에서 대중적으로 인기가 많은 과학자인 동시에 언제나 뜨겁고 팽팽한 논쟁을 불러일으키는 존재이기도 하다. 촉망받는 젊은 동물행동학자였던 도킨스가 대중 독자를 상대로 쓴 글은, 어려운 내용인데도 쉽게 이해할 수 있을 뿐만 아니라 생생한 비유 때문에 재미있고 논리적인 전개도 훌륭하다는 호평을 받았다. 도킨스가 1976년에 《이기적 유전자》를 출간하자 그의 유명세와 더불어 학술적 논쟁이 최고조에 달했다. 그는 이 책에서 자신의 동물행동학 연구를, 유전자가 진화의 역사에서 차지하는 중심적 역할에 대한 좀 더 넓은 이론적 맥락과 연결시키기 시작했다.

이 책에서 도킨스는 인간을 포함한 모든 생명체는 "유전자에 미리 프로그램 된 대로 먹고 살고 사랑하면서 자신의 유전자를 후대에 전달하는 임무를 수행하는 존재"라고 말한다. 우리 모두 유전자에 의해 창조된 기계이며 생명 현상은 결국 이기적 유전자의 자기복제를 위한 전략적 행동일 뿐이라는 것이다. 이런 파격적인 주장은 생물학계를 비롯하여 과학계에 논쟁의 불을 붙였고, 《이기적 유전자》는 곧 세기의 문제작이자 화제작으로 떠오르게 되었다.

기존의 진화 단위인 개체를 불멸의 존재인 유전자로 본 도킨스는 이 책에서 철저한 다윈주의 진화론과 자연선택을 기본 개념으로 독특한 발상과 주장을 소개한다. 인간을 포함한 생명체는 DNA 또는 유전자에 의해 창조된 기계에 불과하며, 그 기계의 목적은 자신을 창조한 주인인 유전자를 보존한다는 것이 그것이다. 자기와 비슷한 유전자를 조금이라도 많이 지닌 생명체를 도와 유전자를 후세에 남기려는 행동은 바로 이기적 유전자에서 비롯된 것이라는 그의 주장은 지금도 논쟁의 정점에 있다.

도킨스의 주장 가운데 또 주목할 만한 것은 밈 이론, 즉 문화 유전론이다. 유전의 영역을 생명의 본질적인 면에서 인간 문화로까지 확장한 밈 이론은 저자가 만든 새로운 용어로서 모방을 의미한다. 유전적 진화의 단위가 유전자라면, 문화적 진화의 단위는 밈이 되는 것이다. 유전자는 하나의 생명체에서 다른 생명체로 복제되지만, 밈은 모방을 통해 한 사람의 뇌에서 다른 사람의 뇌로 복제된다. 결과적으로 밈은 유전적인 전달이 아니라 모방이라는 매개물로 전해지는 문화 요소인 셈이다.

이 책을 읽다 보면, 인간만큼은 다른 생명체와 어떤 차별성이 있지 않을까 하는 생각 때문에 유전자가 모든 생명 현상에 우선한다는 도킨스의 주장에 의문이 생기기도 한다. 그는 이 질문에 답하기 위해 책을 집필하는 과정에서 여러 동물과 조류를 대상으로 구체적인 실험을 했다. 이 실험 결과와 탄탄한 이론을 바탕으로 왜 인간도 예외 없이 이기적 유전자를 존속시키기 위해 프로그램된 기계라고 할 수 있는지를 논리적으로 말한다.

지금은 그 어느 때보다 유전자의 영향력이 큰 비중을 차지하는 시대다. 생명체 복제기술이나 인간의 유전자 지도의 연구로 여러 가지 질병의 정복 가능성이 크게 높아졌기 때문이다. 유전자에 의해 결정되는 인간과, 학습이나 체험 같은 후천적 경험을 통해 형성되는 인간 중 어느 것이 인간 본질에 더 큰 영향을 미칠까? 우리는 이 책을 통해 인간에 대해 다시 한 번 생각할 수 있는 기회를 얻는다.

리처드 르원틴(Richard C. Lewontin, 1929~)

리처드 르원틴은 미국의 진화 유전학자다. 그의 전문 연구 분야는 집단 유전학과 진화론으로, 이 분야에 관한 이론적 연구와 실험적 연구에 크게 기여했다. 이미 1960년대에 미국 유전학자로서 최정상의 지위에 도달한 그는 훌륭한 과학자인 동시에 생물학계의 독특한 존재이기도 하다. 극단적 환원주의와 생물학적 결정론이 지배하는 현대 생명과학계에서 이에 반하는 논리를 꾸준히 내세우는 소수파 학자이기 때문이다.

르원틴은 1972년에 인종 간의 유전적 다양성보다 특정 인종 내의 유전적 다양성이 더 크다는 연구 결과를 발표했다. 이 연구는 인종 간의 우열성을 인간의 유전적 상태에 입각하여 논의하고자 하는 시도를 막는 과학적 바람막이 역할을 하기도 했다.

르원틴

또 그는 과학과 사회의 관계에 대해 적극적으로 발언하는 것을 주저하지 않는다. 그는 그의 대표 저서인 《우리 유전자 안에 없다》에서 과학의 이데올로기적 성격을 집요하게 탐구하고 있다. 특히 이 책은 환원주의 관점에 대한 심도 있는 비판적 논의와 '생물학적 결정론'에 대한 강력한 논박을 담고 있다. 2000년에 출판된 《삼중 나선》에서 르윈틴은 유전자만 보아서는 생명체를 제대로 이해할 수 없다고 말한다. 유전자, 유기체, 환경의 차원에서 생각해보고 이들의 상호작용을 깊이 이해할 때 비로소 생명체의 본성을 제대로 이해할 수 있다는 주장이다.

르윈틴 활동의 많은 부분은 해당 분야 최고 위치에 있는 학자들과의 교류와 연대를 통해 이루어진다. 하버드대학교의 스티븐 J. 굴드, 리처드 레빈스 등을 포함해 여러 과학철학자들과 공동으로 연구하고 글을 썼다. 뿐만 아니라 리처드 뷰리언, 엘리엇 소버, 필립 키처, 로버트 브랜든과 같은 저명한 철학자들이 그의 실험실에서 연구원이나 그와 유사한 자격으로 연구했으며 그와 함께 논문을 써왔다.

《DNA 독트린》

생물공학과 DNA라는 단어가 낯설지 않은 현대 사회에서 리처드 르윈틴의 《DNA 독트린》을 읽는 것은 사회와 우리 자신을 깊이 성찰할 수 있는 기회를 가지는 것과 같다. 르윈틴은 이 책에서 생물학적 결정론이 문학을 비롯해 서구 문화 일반에 얼마나 뿌리 깊게 박혀 있는지 파헤치고, 유전자 결정론의 선풍적인 인기에 맞서 그 역사적 토대를 낱낱이 드러내고 있다.

이 책의 부제 '이데올로기로서의 생물학'은 생물학이 원인과 결과에 대한 잘못된 이데올로기에 토대를 두고 있다는 본질적인 문제 제기를 한다. 르윈틴은 인간게놈 프로젝트의 정치적, 경제적 동기를 들추어내는 데에서 그치지 않고 근대 과학의 방법론적 뿌리에 해당하는 인과적 세계관이라는 인식론의 문제에까지 파고든다.

그는 환원주의란 부분을 알면 전체를 이해할 수 있다는 생각이라고 정의한다. 그 때문에 개인을 알면 사회를 이해할 수 있고, 유전자를 알면 개인을 이해할 수 있다는 잘못된 가정이 성립한다고 주장한다. 예를 들면 독일이 2차 대전을 일으킨 이유는 독일인 개개인이 호전적이고 유대인을 싫어하기 때문이고, 그 개개인들이 공격적인 유전자를 가지고 있었다는 식이다.

또 원인과 결과를 이분법적으로 생각하는 것도 비판한다. 생물과 환경을 별개의 존재로 두면, 환경이 일방적으로 생물에게 영향을 주고 생물은 오로지 환경에 적응할 뿐이라는 사고를 낳는다. 그러나 르원틴은 절대적인 환경이란 존재하지 않으며, 지구의 환경은 생물들이 만들어낸 것이라고 주장한다. 여기에서 우리는 환경-생물, 자연-인간이라는 이분법적 사고에서 벗어날 수 있는 귀중한 성찰을 얻게 된다.

그런 점에서 이 책은 인간게놈에 보내는 세간의 일반적인 흥미나 기대와는 다르다. 인간의 밑바탕을 다시 돌아보는, 르원틴이 전하는 이 성찰은 지금 이 시대 우리에게 귀중한 메시지를 전해줄 것이다.

이기적 유전자

사람은 왜 존재하는가? | 이 책
이 주장하는 바는 사람을 비롯한 모든 동물이 유전자에 의해 창조된
기계에 불과하다는 것이다. 성공한 시카고의 갱단과 마찬가지로 우
리의 유전자는 치열한 경쟁 세계에서 때로는 몇백만 년이나 생을 계
속해왔다. 이 사실은 우리의 유전자에 특별한 성질이 있다는 것을 기
대하게 한다. 이제부터 논의하려는 것은 성공한 유전자에게 기대되
는 특질 중에 가장 중요한 것은 '무정한 이기주의' 라는 것이다. 이러
한 유전자의 이기주의는 보통 이기적인 개체 행동의 원인이 된다.

그러나 앞으로 살펴볼 어떤 유전자는 동물 한 개체에서 한정된 이
타주의를 육성함으로써 자신의 이기적 목표를 가장 잘 수행할 수 있
는 특별한 경우들이 있다. 이 말에서 '한정된' 과 '특별한' 이라는 용
어는 아주 중요하다. 우리가 아무리 그렇지 않을 것이라고 믿고 싶어
도 보편적 사랑이든 종 전체의 번영이든 이러한 것은 진화적으로는

있을 수 없는 일에 불과하다.

(…중략…)

아마도 그룹선택설이 큰 매력을 갖는 이유는, 그것이 대부분 우리가 갖고 있는 도덕적 이상이나 정치적 이상과 조화되어 있기 때문일 것이다. 개인으로서 우리는 종종 이기적으로 행동하지만 이상적인 면에서는 타인의 이익을 우선하는 사람을 존경하고 칭찬한다. 그러나 우리가 '타인'이란 말을 어느 범위까지 설정해야 하는가에 관해서는 다소 혼란이 있다. 흔히 집단 내의 이타주의는 집단 간의 이기주의를 동반할 때가 많다. 이것이 노동조합주의의 기본 원리이다. 또 다른 면에서 국가는 이타적 자기희생의 주요한 수익자이며 젊은이들로 하여금 자국의 영광을 위하여 목숨을 바치게 한다. 또한 그들은 타국인이라는 것 외에는 잘 알지 못하는 타인을 살상하도록 훈련 받는다(이상하게도 개개인에 대하여 자기들의 생활수준을 향상시키는 속도를 좀 희생하라고 하는 평화시의 호소는 개인에게 자신의 생명을 바치도록 격려하는 전시의 호소만큼 효과적이지 않은 것 같다).

최근 인종 차별주의나 애국심에 반대하여 동지 의식의 대상을 인류의 종 전체로 대치하려는 경향이 나타났다. 이처럼 이타주의의 대상을 확장하는 인도주의자들의 면면을 살펴보면 흥미로운 결과를 알 수 있다. 즉 진화에 있어 '종의 이익론'을 지지하고 있는 것처럼 보인다는 사실이다. 보통 종의 원리를 가장 확신하고 있는 정치적 자유주의자들은 자신들의 이타주의를 확장하여 다른 종까지 포함시키려고 하는 사람을 매우 경멸하는 것을 자주 본다. 만약 내가 사람들의 주택 사정을 개선하는 일보다 대형 고래류의 살육 방지에 더 관심을 갖고 있다면 몇몇 친구들은 충격을 받을 것이다.

불멸의 코일 |　어떤 사람들은 진화를 지나치게 유전자 중심으로 생각하는 것에 반대한다. 그들의 말에 의하면 결국 실제로 살거나 죽거나 하는 것은 유전자 전부를 가진 개체다. 이 점에 관해 이견이 없는 것은 이 장에서 충분히 설명했으므로 더 이상의 논의는 필요 없을 듯 싶다. 경기에 이기고 지는 것은 보트 자체인 것과 마찬가지로 살거나 죽거나 하는 것은 개체이고, 자연선택이 직접 나타나는 것은 항상 개체 수준이다. 그러나 개체의 죽음과 번식이 선택적으로 생기는 결과는 아니기 때문에 오랜 동안 유전자 풀 내의 유전자 빈도가 변하는 것으로 나타나게 된다.

조건부이기는 하지만 유전자 풀은 원시 수프가 옛날의 자기 복제자에 대해 하고 있던 것과 같은 역할을 현대의 자기 복제자에게 하고 있다고 할 수 있다. 성과 염색체 교차에는 현대판 수프의 유동성을 유지시키는 효과가 있다. 성과 교차에 의해 유전자 풀은 잘 섞여지며 유전자는 부분적으로 옮겨 다닌다. 진화는 유전자 풀 속에서 어떤 유전자는 수를 늘리고, 어떤 유전자는 수를 줄이는 과정이다.

이타적 행동 등과 같은 어떤 형질의 진화를 설명하려고 할 때는 간단히 다음과 같은 문제를 제기하는 것이 좋다.

"이 형질은 유전자 풀 속에서 유전자의 빈도에 어떤 영향을 주는가?"

때로는 유전자 용어가 다소 지루할 수 있으므로 간결하고 생생한 표현을 위해서 비유를 사용할 것이다. 그러나 우리는 이 비유에 대해 항상 의심의 눈길을 끊임없이 보낼 것이며, 필요한 때에는 그것을 유전자 용어로 다시 번역할 것이다.

유전자의 관점에서 보면 유전자 풀은 새로운 형태의 수프, 즉 유전자의 생활 공간이다. 옛날과 달리 오늘날의 유전자는 죽을 운명에 있는 생존 기계를 순서대로 만들기 위하여 유전자 풀에서 뽑아낸 동료들의 순차적 집단과 협력하여 생활하고 있는 것이다.

밈(Meme)−새로운 자기 복제자 ┃ 문화적 전달은 인간에서만 볼 수 있는 것이 아니다. 내가 알고 있는 인간 이외의 동물에 관한 적합한 사례 중 최근 젠킨스에 의해 기록된 뉴질랜드 앞바다 섬에 사는 안장새의 노랫소리가 있다. 그가 연구한 섬에서는 약 9종류의 서로 다른 노래가 있었다. 각각의 수놈은 이들 노래 중에서 하나 또는 몇 가지만 지저귄다. 젠킨스는 수놈들을 방언의 그룹으로 나누었다. 그런데, 예를 들어 인접한 영역을 가진 8마리의 수놈으로 이루어진 한 그룹은 'CC song'으로 불리는 특정한 노래를 했다. 다른 방언 그룹은 각각 다른 노래를 했다. 같은 방언 그룹에 속하는 개체가 둘 이상의 다른 노래를 공유하는 예도 있었다고 한다. 젠킨스는 아비와 수놈 새끼의 노래를 비교하여 노래의 패턴이 유전적으로 아비에게서 수놈 새끼에게로 전해지는 것이 아니라는 사실을 밝혔다. 개개의 젊은 수놈은 근처에 영역을 갖는 다른 개체의 노래를 인간의 경우처럼 모방이라는 수단에 의해 자기 것으로 삼는 것이다.

젠킨스의 체류 기간 중 섬에서 들을 수 있는 노래의 수는 거의 한정되어 있었다. 그들이 소위 '노래 풀'을 형성하고 젊은 수놈들은 그로부터 소수의 노래법을 자기 것으로 삼고 있었다. 그러나 젠킨스는 운 좋게도 젊은 수놈이 옛 노래법을 모방하다가 새로운 노래를 '발명'하는 장면을 몇 번 목격하게 됐다. 그는 다음과 같이 들려준다.

"새로운 노래는 음의 고저의 변화, 같은 음성의 추가, 음성의 탈락 또는 다른 노래법의 부분적 편입 등 여러 가지 방법으로 탄생한다. 새로운 노래의 형식은 갑자기 출현하는데 그 후에는 몇 년에 걸쳐 매우 안정된 형태로 유지됐다. 다시 몇 개의 예에서 변이형의 노래가 그 새로운 형식대로 어린 초보자에게 정확히 전달되어 그 결과 그와 유사한 가수들의 그룹이 새로이 다른 것과 식별될 정도가 됐다."

젠킨스는 새 노래의 출현을 '문화적 돌연변이'라고 표현하고 있다.

유전자의 긴 팔 | 날도래는 자기 집 속에서 살고, 지금까지 이야기한 기생자들은 숙주의 몸속에서 살아왔다. 따라서 이들의 유전자가 유전자나 보통 그 표현형에 가까운 곳에 있는 것과 마찬가지로 각각의 확장된 표현형 효과와 물리적으로 가까운 곳에 있다. 그러나 유전자는 거리가 떨어져서도 작용할 수 있다. 즉 확장된 표현형은 아주 멀리까지 연장할 수 있다. 내가 생각할 수 있는 최장의 확장된 표현형은 하나의 호수를 가로지른다. 거미집이나 날도래 집과 마찬가지로 비버 댐은 세계에서 진정한 경이로움 중의 하나이다. 그 다윈주의의 목적이 무엇인지 확실히 밝힐 수는 없으나 어떤 목적을 가지고 있음은 분

명하다. 왜냐하면 비버들은 댐을 쌓기 위해 매우 많은 시간과 에너지를 소비하기 때문이다. 그것이 만들어내는 호수는 아마도 비버의 집을 포식자로부터 지키는 역할을 다할 것이다. 호수는 또 이동하거나 통나무를 운반하기에 합당한 좋은 수로까지도 제공해준다.

비버는 캐나다 목재 회사들이 하천을 이용하고, 18세기의 석탄 상인들이 운하를 이용한 것과 똑같은 방식으로 유체의 부력을 이용한다. 그것이 주는 이익이 어떻든 간에 비버의 호수는 눈에 띄는 특징적 경관이다. 그것은 비버의 이나 꼬리 못지않게 하나의 표현형이며 다윈주의의 자연선택이 작용하려면 유전적 변이가 있어야 한다. 여기서 선택은 좋은 호수와 그다지 좋지 않은 호수 사이에서 이루어졌음에 틀림없다. 선택은 나무를 운반하기에 적합한 호수를 만드는 비버의 유전자에 작용할 것이다. 그것은 꼭 나무를 자르기에 적합한 이를 만드는 유전자가 선택되는 것과 같다. 비버의 호수는 유전자의 확장된 표현형 효과이며 이것들은 몇백 미터나 뻗칠 수 있다. 얼마나 긴 적용 범위인가!

－출전 : 《이기적 유전자》, 홍영남 옮김, 을유문화사, 2002

DNA 독트린

모든 것이 유전자 속에 있다? | 생물학적 결정론은 생물학자들의 주류 견해였다. 그러나 이러한 주장은 공유된 근거 없이 이루어졌고, 생물학과 유전학의 모든 원리에 어긋나는 것이었다.

이러한 주장의 오류를 이해하기 위해서, 우리는 개체 발생 과정에 어떤 일들이 포함되는 지를 이해할 필요가 있다. 우선 우리는 우리 유전자에 의해 영향을 받지만 결정되지는 않는다. 발생은 부모로부터 유전받은 물질에—유전자, 그리고 정자와 난자—의존할 뿐 아니라 발생하는 개체에 영향을 주는 특정한 온도, 습도, 영양분, 냄새, 시각, 소리(우리가 교육이라고 부르는 것을 포함해서) 등에도 의존한다. 설령 내가 한 유기체 내의 모든 유전자의 완전한 분자적 세부 사항을 남김없이 알고 있다 하더라도, 나는 그 유기체가 어떤 모습이 될지 예측할 수 없다. 물론 사자와 새끼 양의 차이는 거의 전적으로 그들의 유전자의 차이에서 기인한다. 그러나 같은 종 내의 개체 사이에서 나타나는 편차는 유전자와 발생 환경 사이에서 일어나는 끊임없는 상호작용의 고유한 결과이다. 게다가, 매우 기이하게도, 설령 내가 발생하는 유기체의 유전자와 그 발생 환경의 완전한 배열을 남김없이 알고 있다 하더라도, 나는 그 유기체의 특성을 모두 예측할 수 없다.

(…중략…)

문화적 환경의 측면에서 본다면, 환경 변화는 능력을 수십 배로 바꿀 수 있다. 게다가 개인들 사이의 차이는 문화적, 기계적 발명물들로 폐기될 수 있을 것이다. 특정 환경에서 유전적 차이에 기인한다고 생각되는 차이가 나타났다 하더라도 다른 환경에서는 완전히 사라질 수 있다. 남자와 여자 집단 사이에 체격과 힘의 생물학적 평균의 차이가 있을 수는 있지만(이 경우에도 그 차이는 우리가 일반적으로 상상하는 것처럼 크지 않다), 전자적으로 구동되는 승강기, 파워 스티

어링(동력 조타장치), 전자식 제어 등으로 이루어지는 세계라는 관점에서 보면 그 실질적인 차이는 빠른 속도로 무마되며 그 의미를 상실하게 된다. 따라서 유전자 변이의 결과로서의 한 집단 내에서의 변이의 비율은 고정된 특성이 아니라 환경에 따라 달라지는 무엇이다. 다시 말해서 우리들 사이에서 나타나는 차이 중 어느 정도가 우리들의 유전적 차이의 결과인지는, 매우 신기하게도, 환경에 따라 달라지는 것이다.

사회생물학 비판 | 인간 존재의 모든 것이 DNA에 의해 좌우된다는 주장은 흔히 들을 수 있는 이야기이다. 그 주장은 우리가 살고 있는 사회구조를 정당화시켜주는 결과를 초래한다. 왜냐하면 그런 이야기들은 우리들 사이에서 나타나는 성격, 능력의 차이와 육체적, 정신적 건강이 우리의 유전자 안에 부호화되어 있다는 주장으로까지 발전하기 때문이다. 나아가 우리 사회의 정치적 구조—즉 오늘날 우리가 살고 있는 경쟁적이고 기업적이며 위계적인 사회, 그리고 서로 다른 기질과 인지 능력, 정신적 태도에 따라서 차등적인 보상이 주어지는 사회—역시 우리 유전자에 의해 결정되어 있으며, 따라서 그 구조는 변화할수 없다는 주장으로까지 나아간다. 그러나 설령 우리가 다른 사람과 생물학적으로 다르다 하더라도, 그러한 차이 자체가 우리 사회가 저마다 다른 사람들에게 역시 저마다 다른 지위와 권력을 주도록 보장해주는 것은 아니다. 다시 말해서 생물학적 결정론을 완성시키려면 우리는 불변의 인간 본성에 대한 이론, 우리 유전자 안에 부호화되어

있는 인간 본성에 대한 이론을 가져야 한다.

모든 정치 철학은 인간 본성에 대한 이론에서 출발한다. 만약 우리가 진정한 의미에서 인간이란 무엇인가에 대해 이야기할 수 없다면, 우리가 다른 사회 조직에 대해 특정 사회 조직을 선호할 수 없음은 분명하다. 특히 사회 혁명은 진정한 인간이 된다는 것이 무엇인지에 대한 분명한 개념을 제시해야 한다. 왜냐하면 혁명은 피의 희생을 요구하며, 세계의 전면적인 재조직을 필요로 하기 때문이다. 인간 존재의 진정한 본성에 보다 적합한 무언가가 이루어질 것이라는 주장 없이는 기존 구조의 폭력적 전복을 요구할 수 없다. 따라서 역사적 관점에서 사회를 인식한 칼 마르크스도 진정한 인간 본성이란 없다고 생각했지만, 인간은 인간 복지의 본성에 대한 계획된 사회적 조작을 통해서만 본질적으로 스스로를 실현할 수 있다고 믿었다.

(…중략…)

그렇다면 사회생물학자들이 이야기하는 인간의 보편적 특성이란 무엇인가? 사회생물학 이론에서 E. O. 윌슨의 《사회생물학》처럼 영향력이 크고, 어떤 의미에서 선구적인 저서는 없을 것이다. 예를 들어 윌슨은 우리에게 인간이란 교리동화적(教理同化的) 존재라고 말한다. 그는 이렇게 쓰고 있다. "인간은 터무니없을 만큼 쉽게 동화된다. 더구나 그들은 동화를 추구하기까지 한다." 인간의 특성은 맹목적인 신념이다. "인간은 알려고 하기보다는 믿으려 한다." 우리는 윌슨의 이 말이 전 세계에서 대학 교과서로 사용되고 있으며 현대의 집단생물학 이론으로 가득 차 있고 잡지 《타임》이 '철의 자연법칙'이라고 부른 것에 기반한, 모든 종류의 동물들의 행동에 대한 관찰과 사실들로 채워져 있는 이른바 과학적 저작에서 나왔다는 점을 주목해야 한다. 그러나 "인간은 알려고 하기보다는 믿으려 한다."는 말은 선술집에서나 나올 법한 이야기이다. 가령 옆 사무실에서 일하는 사람에게 그가 다른 식으로 일 처리를 했어야 한다는 것을 설득시키기 위한 거의 불가능한 시도를 한 다음 자기 친구에게 하는 넋두리에서나 나올 법한 이야기이다. 인간 본성의 그 밖의 측면들 중에는 보편적인 악의와 가족 쇼비니즘이 있다고 한다. 우리는 흔히 "인간이란 자신의 혈통을 예민하게 인식하고, 음모를 꾸미는 데 천부적인 재능을 가진 존재이다."라는 말을 듣는다. 외국인 혐오증, 즉 이방인에 대한 적개심은 우리가 보편적으로 갖는 감정의 일부라는 것이다. "인간이 갖고 있는 문제의 일부는 인간들의 집단 간 반응이 문명이 억지로 떠밀어 넣은 세력권 관계를 확장시키기에는 아직도 지나치게 거칠고, 원시적이라는 점이다." 그리고 우리는 그 한 가지 결과로 "가장 두드러진 인간의 특성은 부족 간 전쟁과 집단 학살을 통해 발생한 사회적 진화의 국면에서 발현되었다."는 말을 듣는다. 그리고 양성 사이의 관계가 있다. 사회생물학에서 남성의 지배와 남성 우월주의는 인간 본성의 일부이다. 윌슨은 "인간의 보편적인 사회적 특성들 중에는 남성의 여성에 대한 공격적인 지배체계가 존재한다."라고 쓰고 있다. 이런 목록은 여기에서 끝나지 않는다. 더구나 이것은 단지 영향력 있는 한 괴팍한 사회생물학자 개인의 견해가 아니다. 인간들 사이의 전쟁, 성적 지배, 개인 재산에 대한 사랑, 이방인에 대한 혐오증이 인간의 보편적인 특성이라는 주장은 사회생물학자들의 저작 속에서 무수히 반복적으로 발견된다. 생물학자든 경제학자든 심리학자든 정치학자든 사회생물학을 지지하는 사람들에게서는 예외 없이 같은 견해를 들을 수 있다.

(…중략…)

인간 본성에 대한 이러한 이론의 표면에는 기업가들이 경쟁을 벌이는 현대의 위계적 사회에 대한 명백한 이데올로기적 관여가 드러난다. 그러나 그 아래쪽으로 훨씬 더 근본적인 이데올로기가 숨겨져 있다. 그것은 집단에 대해 개인을 우선시하는 이데올로기이다. 사회생물학이라는 명칭에도 불구하고, 우리는 사회적 인과관계에 대한 이론이 아니라 정작 개인적 인과관계에 대한 이론을 다루고 있는 것이다. 이러한 사회의 특성은 그 사회 구성원들이 가지고 있는 개인적 특성에 의해 야기되는 것으로 인식된다. 그리고 다시 그러한 개인적 특성은, 앞으로 곧 살펴보게 되겠지만, 그 구성원 개인들의 유전자에서 기인한다고 이야기된다. 만약 어떤 사회가 전쟁에 휩쓸리게 된다면, 그것은 그 사회 속의 개인들이 공격적이기 때문이다. 만약 집단으로서의 남성이 여성을 지배하고 백인이 흑인을 지배한다면, 그 이유는 개인으로서의 남성들이 역시 개인으로서의 여성들을 지배하려는 열망을 가지고 있기 때문이고 백인 개인들이 검은 피부를 보면 개인적인 혐오감을 가지게 되기 때문이다. 사회 구조는 단지 이러한 개인적인 경향을 투영하는 것에 불과하다. 사회는 그 속에 포함된 개인들의 집적(集積) 이상 아무것도 아니다. 마치 문화가 개인적인 선호와 습관이라는 분명히 구분할 수 없는 조각들과 부분들의 집합에 지나지 않듯이 말이다.

– 출전 : 《DNA 독트린》, 김동광 옮김, 궁리, 2001

키워드

● **공리주의(功利主義, Uilitarianism)** 벤담과 밀이 제시한 윤리학 이론으로, 사회의 목적은 '최대 다수의 최대 행복'이라는 주장이다. 공리주의의 사상적인 원천은 영국의 경험론이다. 기본적으로 쾌락주의적인 입장에 근거하고 있는데, 공리주의는 사회 공중의 이익 증진을 도덕률로 내세운 쾌락주의라고 볼 수 있다. 이기적 쾌락주의에 대한 반성의 결과로 나타났으며, 개인의 이기적 쾌락과 공익과의 조화를 목표로 개인의 행복을 사회 전체의 입장에서 도모하려 했다. 공리주의는 도덕성의 일차적 규준을 '유용성'에 둔다. 하나의 행위는 될 수 있는 대로 최대 다수의 행복에 기여할 때 좋은 행위이다. 그래서 행복은 쾌락에 연결된다. 벤담이 쾌락의 양을 중시한 반면 밀은 쾌락의 질을 중시했다.

● **《동물해방》** 오스트레일리아 출신의 철학자 피터 싱어의 대표적인 저서로 1975년에 출간되었다. 이 책에는 평소 동물에게도 인간과 동등한 윤리적인 대우를 적용해야 한다고 주장해 온 싱어의 사상이 잘 드러나 있어서 동물권 운동의 기본 철학을 제공해준다는 의미에서 전 세계 동물권 운동가들 사이에서 널리 읽힌다. 이 책의 주요 논점은 '최대 다수의 최대 행복', 즉 공리주의의 확대 적용이다.

• **《방법서설》** 프랑스의 철학자 데카르트가 1637년에 쓴 철학서이다. 《방법서설》의 완전한 제목은 《이성을 올바르게 이끌어, 여러 가지 학문에서 진리를 구하기 위한 방법의 서설》이다. "나는 생각한다. 그러므로 나는 존재한다."는 문장으로 널리 알려진 이 책은 말 그대로 '방법의 이야기'이다. 데카르트 자신의 학문적 생애를 이야기하는 형식으로 학문 연구의 방법과 형이상학, 자연학의 개요를 논술하고 있다. 특히 기성 권위에 의하지 않고 자신의 두뇌로써 사물을 사고하기 위해서는 어떠한 방법을 좇아야 하는가를 규명하고 있다.

• **분자생물학** 단백질의 효소와 생합성을 지배하는 DNA의 구조와 특성을 바탕으로 생명 현상을 설명하려는 생물학의 한 분야이다. 1940년대에 DNA가 유전자의 본체임이 밝혀지고, 동시에 DNA의 유전 정보가 RNA를 통하여 세포질 속에서 단백질 합성을 지배한다는 사실이 알려지기 시작하면서 분자생물학의 발달이 본격화되었다. 더욱이 1953년 J. D. 왓슨이 DNA의 2중 나선 구조의 모형을 제출하면서 새로운 단계를 맞이하였다. 그 후 분자생물학의 주류는 DNA의 복제 및 단백질의 생합성을 중심으로 하여 유전의 본질 및 유전의 메커니즘을 설명하고 나아가 생물체의 조절 작용이나 진화의 현상을 설명하게 되었다. 따라서 분자생물학의 중심이 되는 것은 분자유전학으로 볼 수 있다. 그러나 근육의 기본이 되는 수축단백질인 액토미오신이라는 단백질의 분자 구조를 바탕으로 근육의 수축운동을 설명한다든지, 뇌에 있어서의 기억의 기작을 단백질이나 RNA의 미세한 구조의 변화로 설명하려는 일 등도 분자생물학에 포함시키고 있다.

• **사회생물학** 미국의 곤충학자 E. O. 윌슨이 1971년에 제창하고 1975년에 《사회생물학》이라는 명저로 체계화한 분야이다. 사회생물학은 인간의 사회

행위의 생물학적 기반을 연구하면서 진화생물학의 이론 원리에 따라서 인간의 사회 생활을 설명하고자 한다. 즉 사회생물학은 행태학, 집단유전학, 생물 행동학을 통합하여 인간 및 사회 행동의 진화를 설명하는 것이다. 그런 점에서 사회생물학은 사회문화 현상을 생물학적 차원으로 환원하는 성격을 가지고 있다. 특히 사회성을 가진 곤충인 일개미, 일벌 등이 따로 자손을 만들지 않고 어미인 여왕벌이 낳은 동생벌들을 키우는 성질인 이타 행동을 자신의 유전자를 자신의 아들과 혈연자의 아들 쌍방을 통하여 넓히려 하는 포괄적응도의 개념으로 설명하는 점이 특징이다.

• 〈순수이성비판〉 칸트 비판철학의 첫 번째 저서로 1781년 간행되었다. 칸트는 이 책에서 인간 이성의 권한과 한계에 대하여 의문을 제기하고 학문으로서의 형이상학적 성립 가능성을 묻고 있다. 또 종래의 독단적 형이상학을 뒤집어 인간 중심의 세계를 완성하였다. 이 책은 원리론과 방법론으로 나뉘어져 있는데, 원리론은 다시 선험적 감성론(先驗的感性論)과 선험적 논리학으로 나뉜다. 그리고 선험적 논리학은 또다시 선험적 분석론과 선험적 변증론으로 되어 있다. 칸트는 이 책에서 인간 이성의 권한과 한계에 대하여 단적으로 질문하며, 학문으로서의 형이상학의 성립 가능성을 묻는다. 즉 인간의 이성은 감성과 결합함으로써 수학이나 자연과학에서 볼 수 있는 것과 같은 확실한 학적 인식(學的認識)을 낳을 수 있지만, 일단 이 감성과 결부된 '현상'의 세계를 떠나서 물자체(物自體)의 세계로 향하게 되면 해결이 불가능한 문제에 말려들어 혼란스럽지 않을 수 없다. 따라서 초경험적인 세계에 관한 형이상학적 인식은 이론이성으로는 도달 불가능하며, 실천이성에 의한 보완이 뒤따르지 않으면 안 된다고 하였다.

• 〈영원한 평화를 위하여〉 이 책의 서언에는 '하나의 철학적 설계도'라는

부제가 달려 있다. 세계 평화를 이루기 위한 모색을 하되 그 접근 방법으로 철학적인 기초를 제시하는 데 초점을 맞추고 있음을 알 수 있는 말이다. 이 책의 제1장에서는 '국가 간의 영원한 평화를 위한 예비 조항'으로 전쟁의 화근이 될 수 있는 조약은 평화조약이 아니라는 점, 독립국가가 상속, 교환, 증여 등에 의해 다른 국가의 소유가 될 수 없다는 점, 상비군 폐지, 대외 분쟁과 관련한 국채 발행 금지, 타국의 통치에 대한 폭력적 간섭 금지, 전쟁기간 동안 암살·항복조약 파기·적국에서의 반역 선동의 금지 등을 주장한다. 제2장의 '국가 간의 영원한 평화를 위한 확정 조항'에서는 모든 국가의 정치 체제는 공화제이어야 한다는 점, 국제법은 자유로운 국가들의 연방 체제에 기초해야한다는 점, 세계시민법은 보편적 우호의 조건들에 국한되어야 한다는 점을 강조한다. 그리고 다음으로 영원한 평화의 보증을 위한 추가 조항과 영원한 평화를 위한 비밀 조항으로서의 추가 조항을 제시하고 있다. 부록으로는 영원한 평화에 관한 도덕과 정치 간의 대립에 관한 내용과 공법의 선험적 개념에 따른 정치와 도덕 간의 조화를 위한 내용을 제시한다.

● 에드워드 윌슨(Edword Osborne Wilson, 1929~) 20세기 가장 걸출한 과학저술가 중 한 사람이다. 그는 동물행동학 연구가 동물 행동의 직접적인 인과관계를 설명하는 데에 치중한 나머지 어느 누구도 그런 행동의 저변에 깔린 기본적인 요소들에 대해서는 별로 관심을 기울이지 않았다는 점에 주목하였다. 자연에서는 침팬지들이 사냥에서 획득한 먹이를 집단 내의 다른 침팬지들에게 나누어준다든지, 또는 적의 출현을 처음 발견한 새 한 마리가 경고음을 발산해서 다른 새들을 보호하는 대신 자신은 희생의 재물이 된다든지 하는 의타적인 행동을 쉽게 찾아볼 수 있다. 그런데 이에 대해 동물행동학은 전체 집단을 위한 개별 개체들의 희생이라고 설명하는 정도가 고작이었다.

그러나 윌슨은 이런 동물들의 의타적인 행동이야말로 오랜 진화의 과정에서 그들의 유전자 속에 각인된 본능적 행동이라고 해석하였다. 요컨대 동물의 행동을 결정하는 가장 중요한 요소로 진화와 유전자의 영향력에 주목했던 것이다. 윌슨은 동물의 행동을 진화와 유전자를 중심으로 해석하고자 하는 자신의 시도에 사회생물학이라는 이름을 붙였다. 그리고 1971년부터 저술에 착수하여 4년 후인 1975년에 《사회생물학》을 발간하게 되는데, 이 책으로 말미암아 윌슨은 잡지 《타임》의 표지를 장식하게 되는 등 일약 세계적인 명사의 길로 들어서게 된다.

● **이성중심주의**　이성중심주의적 사고의 가장 중요한 특징 가운데 하나는 자연지배사상이라고 할 수 있다. 인간의 이성은 자연을 지배해야 하는 대상, 그리고 개척되어야 하는 대상으로만 인식했다. 이것은 인간이 자연을 지배해 유용하게 이용할 수 있도록 하기도 했지만, 현대 사회로 접어들면서 나타나는 이성의 폐해는 인간에게 그 칼을 돌리고 있다. 환경 오염으로 인한 인간 생명의 위협과 같은 사례에서 볼 수 있듯이 자연 파괴로 인한 결과가 이제는 인간의 목숨을 위협하고 있는 것이다. 이것이 바로 도구적 이성의 속성이다. 즉 자연을 지배해야 하는 이성은 그 힘이 매우 강력해야 한다. 그 강력함이란 이성의 소유자인 인간마저도 파괴할 수 있을 정도로 위력적이어야 하는 것이다.

　자연을 지배하기 위한 전략을 짜는 데 가장 중요한 요소는 자연의 힘을 무력화시키는 것이다. 그러기 위해서 인간들이 자연에 가지고 있는 공포심을 없애는 것이 필요했다. 자연은 인간의 수학적 사고에 지배받는 존재이지 더 이상 인간에게 공포심을 유발하는 존재가 되서는 안 된다. 이러한 이성적 사고의 가장 큰 특징은 계산 가능성과 유용성이다. 수학적 사고 내지 과학적 사고는 이제 과거에 신화가 가지고 있던 권좌를 물려받았다. 수학적이고 과학적인 사고는 모든 것을 계산할 수 있다는 믿음을 사람들에게 심어주었다. 이성은 과거에 신이 앉았던 그 권좌에 앉아서 인간 스스로를 파괴할 정도로 막

강한 힘을 가지고 인간들의 이성에 대한 맹신을 바탕으로 자연을 지배해나가는 발판을 마련한 것이다.

● **이원론(二元論)**　세계나 사상을 상호 간에 독립적인 근본 원리로 설명하는 입장이다. 서양에서는 고대로부터 마음과 몸의 관계에 대한 사람들의 생각은 마음과 몸을 별개의 실체로 생각하는 관점인 심신이원론적 생각이 지배적이었다. 심신이원론에서는 일반적으로 몸은 물질이며 물리적 법칙에 의해 지배되고, 마음은 물질을 넘어서는 실체로서 어떤 형이상학적 원리에 의해 지배된다고 보았다. 또 사람이 죽으면 사람의 마음의 다른 한 실체인 영혼이 몸을 떠나서 우주에 별개의 실체로 남는다고 믿었다.

　근대 철학에서는 데카르트가 대표자이다. 데카르트는 정신과 신체(물질)는 전혀 다른 것이라는 물심(物心) 이원론을 주장했다. 심신이원론은 현재에도 많은 사람들이 상식적으로 믿고 있는 생각이지만, 어떻게 비물질적인 마음이 물질인 몸에 영향을 주고 어떤 작용을 일으키는 원인으로서 작용할 수 있는가를 설명하지 못한다. 그래서 직관적으로는 그럴싸하지만 과학계에서는 수용하기 어려운 관점으로 인식되고 있다.

● **일원론(一元論)**　심신일원론이라고도 한다. 심신일원론은 마음과 몸이 서로 분리되어 있지 않고 상호 연관되어 있다고 본다. 마음(정신)은 신체기관을 움직이고, 신체기관은 여러 가지 감각 정보를 뇌에 전달하는 유기적인 관계라는 것이다. 심신일원론에서 보면 마음은 우리가 죽을 때 운명을 같이하는 것이다. 몸과 마음이 하나라는 이론은 의학적으로도 시사하는 바가 크다. 현대 사회에 들어서 의학 기술의 발달은 의사가 환자의 모든 병을 거의 치료할 수 있게 했다. 그러나 의학이 각 분야로 세분화된 탓에 의사들은 자신이 치료할 특정 신체 부위에만 관심을 둘 뿐 환자를 마음을 가진 인간으로 보지 않는

경향이 생겼다. 의사는 조립 공장의 조립공처럼 환자의 환부에만 관심을 갖는다. 이것이 바로 사람을 심신이원론으로 보는 것이다. 심신일원론은 환자를 마음을 가진 인간으로 대하고, 따라서 질병의 치료도 인간적으로 해야 함을 역설한다.

● **자연선택** 자연계의 생활 조건에 적응하는 생물은 생존하고, 그렇지 못한 생물은 저절로 사라지는 과정을 요약적으로 일컫는 단어다. 다윈의 진화론에 따르면, 인간을 포함한 모든 생물은 환경에 대한 적응의 산물이다. 이 주장은 당시 엄청난 파장을 일으켰는데, 왜냐하면 그때까지 서구 세계를 지배하던 신 중심의 세계관에 심각한 타격을 입힐 수 있었기 때문이다. 만약 각각의 종이 신에 의해 완벽하게 창조된 존재라면 각각의 종은 고정불변의 모습을 계속 유지해야 할 것이다. 하지만 다윈의 진화론에 따르면, 모든 종은 끊임없이 변화를 거치면서 적응해나가고 있다고 한다.

● **《종의 기원》** 영국의 생물학자 다윈의 생물 진화론에 관한 저서로 전문 14장으로 구성되어 있다. 변이의 법칙, 생존경쟁, 본능, 잡종, 화석, 지리적 분포, 분류학, 발생학 등의 여러 면에서 자연선택설을 전개하고 있다. 《종의 기원》은 생물의 진화론을 확립시킨 생물학은 물론 사상학적으로도 획기적인 기준을 세운 고전이다. 당시에도 종이 진화한다는 생각은 새로운 것은 아니었으나, 다윈은 자연선택이라는 진화 메커니즘을 주장하고 나무에서 뻗어가는 가지에 비유해 종 분화를 설명했다. 이 두 도구를 이용해 생명의 변화 방식과 다양성을 밝혔다.

● **DNA** 디옥시리보핵산(deoxyribon-ucleic acid)의 약칭으로 주로 세포핵 속에 있는 중요한 유전물질을 말한다. DNA가 유전물질이라는 것은 20세기에 들

어서야 밝혀졌는데, 이전까지는 염색체의 단백질 안에 유전 정보가 들어 있을 것으로 믿었다. DNA는 거의 모든 생물의 유전물질이지만, 레트로바이러스와 같은 여러 종류의 바이러스들은 DNA 대신 RNA를 유전물질로 갖고 있다. 이중 나선의 고분자 구조로서 이중 나선 이합으로 복제가 가능하다. DNA는 생명의 근원을 규명하는 생명과학의 시발점으로서 학계의 연구가 활발하다.

● RNA 오탄당의 일종인 리보오스를 기반으로 뉴클레오티드를 이루는 핵산의 한 종류이다. 하나의 나선이 길게 꼬여 있는 구조를 지니며 DNA의 일부가 전사되어 만들어진다. RNA는 단백질을 합성하는 과정에 작용하며 일부 바이러스는 DNA 대신 RNA를 유전물질로 갖기도 한다. 생명체는 처음에 RNA로 유전물질을 전달했을 것으로 추정된다. RNA는 DNA보다 불안정하기 때문에 후에 유전물질을 담당하는 역할이 DNA로 넘어갔을 것으로 생각된다. 생명의 탄생 초기에 유전물질이 RNA로 구성되어 있을 것으로 예상되는 시기의 상태를 RNA 세상(RNA World)이라 한다.